Les clés de l'autorité

Renforcez votre légitimité de manager

Éditions d'Organisation
Groupe Eyrolles
61, bd Saint-Germain
75240 Paris cedex 05

www.editions-organisation.com
www.editions-eyrolles.com

Chez le même éditeur

Sylvie Grivel, *Être soi dans ses relations : développer son assertivité en entreprise*
Daniel Hervouët, *Mener des hommes : asseoir son autorité et sa légitimité*
Chilina Hills, *Cultivez votre charisme*
Marie-Claude Nivoix et Philippe Lebreton, *L'art de convaincre : du bon usage des techniques d'influence*

© Groupe Eyrolles, 2010
ISBN : 978-2-212-54673-6

Sylvie Deffayet Davrout

Les clés de l'autorité

Renforcez votre légitimité de manager

EYROLLES

Éditions d'Organisation

À ceux qui m'ont transmis,
À ceux à qui j'espère transmettre.

Sommaire

Introduction – L'autorité managériale en questions 1

Chapitre 1 – Quoi de neuf du côté de l'autorité ? 5

Chapitre 2 – L'autorité, de quoi parle-t-on ?............................ 15

Chapitre 3 – L'autorité, de quoi parlent-ils ? 23

Chapitre 4 – Les attentes d'autorité
des jeunes collaborateurs 47

Chapitre 5 – Autorité et attachement :
les « modèles internes » 63

Chapitre 6 – Modèles internes d'autorité
et styles de management 83

Chapitre 7 – Comment renforcer l'autorité managériale ? 105

Conclusion – L'autorité : une affaire de liens 123

Bibliographie 125

Table des matières 131

L'autorité managériale en questions

« Morte est l'autorité, chacun vit à sa guise. »
Pierre de Ronsard, *Discours des misères de ce temps*

Qui incarne aujourd'hui l'autorité dans l'entreprise ? Comment les jeunes se situent-ils, en particulier dans les premières années de leur vie professionnelle ? Qui leur fournit des repères pour l'action ? Comment reconnaissent-ils de l'autorité à leur manager ? Autant de questions utiles à l'heure où les frontières de l'entreprise deviennent plus floues et son organisation de plus en plus complexe.

Jusqu'à l'avènement des modes de travail en projet ou en réseau, la réponse à ces questions était globalement contenue dans un organigramme à peu près stable et clair. Celui-ci garantissait à un responsable hiérarchique une autorité de statut, autrement dit le droit (et le devoir) de commander l'action collective et individuelle. Apparemment, cette conception très juridique de l'autorité du manager suffisait à garantir, sinon la motivation et l'adhésion, tout au moins l'obéissance du collaborateur.

Cette autorité-là, qui s'est longtemps confondue avec le statut, n'échappe pas aujourd'hui à l'examen attentif de ceux sur qui elle s'exerce. Autrement dit, l'autorité endossée par le manager se retrouve confrontée à devoir faire en permanence la preuve de sa justesse, c'est-à-dire de sa légitimité. Autorité/légitimité ; deux vocables indissociables que ce livre entend repréciser en replaçant la question du pouvoir, trop souvent absente de la littérature managériale, au cœur du métier de manager.

▩ L'AUTORITÉ MANAGÉRIALE DANS L'ŒIL DU COLLABORATEUR

On trouvera dans ces pages une exploration de ce qui fonde l'autorité et la légitimité du manager dans les entreprises dites « modernes » aux yeux de collaborateurs, dont on dit que le regard sur l'entreprise est peut-être plus aiguisé qu'auparavant et dont les exigences sont aussi plus difficiles à satisfaire.

Parce qu'elle est une reconnaissance et une acceptation d'un pouvoir, l'autorité du manager (ou *« autorité managériale »*) est d'abord contenue dans la représentation que s'en fait le collaborateur. Sans reconnaissance par les *sub-ordonnés* du pouvoir, qui est donné au *supérieur*, il n'y a pas d'autorité qui fonctionne, c'est-à-dire qui produise l'envie de *s'exécuter*, ou de réaliser l'ordre demandé.

Comment s'élaborent cette représentation et cette reconnaissance de l'autorité managériale chez le collaborateur ? Très souvent on les explique par le fameux *leadership* du manager, c'est-à-dire un ensemble de capacités personnelles à entraîner positivement la personne ou l'équipe vers l'atteinte d'objectifs. Mais c'est oublier que l'autorité managériale se construit à travers d'autres filtres ; des filtres psychologiques propres au collaborateur et des filtres issus de la situation de travail elle-même où le manager intervient, bien sûr, mais également des caractéristiques liées à l'entreprise tout entière.

▩ LE MANAGER, LEADER TOUT-PUISSANT ?

Pourquoi convoquer l'autorité après plus de quatre-vingts ans d'une production considérable de connaissances sur le « leadership » ? De la traduction de cette masse académique par les praticiens ou experts[1] du management, une conclusion émerge : tout se passe comme si la qualité de la relation d'encadrement devait peser sur les seules épaules du manager. Autrement dit, si l'équipe n'est pas motivée ou si le colla-

---

1. DRH, formateurs, consultants.

borateur n'adhère pas, c'est dans un leadership défaillant que réside le problème, c'est-à-dire chez le manager lui-même ! Ce livre démonte cette idée en donnant des clés de lecture plus larges et plus à même de répondre aux enjeux actuels de mise en œuvre de l'autorité managériale. Il renvoie à chaque acteur (manager, collaborateur et entreprise) sa part de responsabilité pour proposer, en retour, des pistes de réponse.

L'AUTORITÉ PLUTÔT QUE LE LEADERSHIP

Ce n'est donc pas par nostalgie que nous proposons de réinvestir cette vieille notion d'autorité, et encore moins pour céder à un mouvement récurrent qui consisterait à regretter une *autorité en voie de disparition*. Si le leadership s'est substitué à la notion d'autorité dans l'entreprise, c'est pour une grande variété de (bonnes) raisons, par exemple, la volonté de la simplifier pour mieux l'appréhender et la mesurer scientifiquement[1]. Mais on voit bien que le leadership est beaucoup plus réducteur que l'autorité qui, elle, puise jusqu'aux racines transcendantales de notre civilisation.

L'autorité, justement parce qu'elle est une notion complexe, s'aborde à partir de différentes sciences humaines et sociales qui, combinées, permettent d'avoir plus finement accès à cette boîte noire constituée par la question : qu'est-ce qui, aujourd'hui, fait obéir le collaborateur ?

L'autorité managériale se présente donc comme un chantier permanent dont la relation d'encadrement quotidienne est le théâtre. Comme toute représentation, elle s'alimente à de multiples sources et peut évoluer à tout moment. **Mais quelles sont ses sources et quelles sont les situations susceptibles de renforcer ou malmener l'autorité managériale ? Ce livre propose une démarche d'analyse, de diagnostic, ainsi que des réponses en retour.**

---

1. Voir Jacques Ardoino, « Autorité », *Vocabulaire de psychosociologie*, Érès, 2002.

■ COMMENT LIRE CE LIVRE ?

Parce qu'il est le fruit d'une recherche de cinq ans sur les attentes d'autorité managériale, cet ouvrage propose un voyage à travers ces sources – très différentes – qui alimentent l'autorité du manager dans l'œil du collaborateur. Après le chapitre 1, qui plaide en faveur de la réinvestigation de cette notion dans l'entreprise en raison de deux enjeux majeurs, il est possible de lire le reste des chapitres selon les envies, chaque chapitre proposant une porte d'entrée spécifique. Le chapitre 2 expose un rappel des définitions et des caractéristiques fondamentales de l'autorité. Si l'on veut avoir un aperçu du sens commun attribué aujourd'hui à l'autorité par les jeunes dans l'entreprise, on consultera les résultats d'une enquête au chapitre 3. Le chapitre 4 explore en profondeur ce que les jeunes attendent explicitement de leur manager dans des contextes de travail contemporains. Les chapitres 5 et 6 proposent une lecture psychologique assez nouvelle de l'autorité managériale, celle qui est enfouie depuis longtemps dans la base affective de chaque individu, qu'il soit manager ou collaborateur, débutant ou confirmé.

Quel que soit l'ordre de lecture, on consultera de manière utile un résumé entre les chapitres 4 et 5, qui précise l'intérêt de combiner les lectures de l'autorité managériale si l'on veut en faire un savoir actionnable par le management. Le chapitre 7, justement, revient sur les chantiers à investir pour toute personne ou organisation convaincue de renforcer l'autorité de l'ensemble de la chaîne managériale.

Chapitre 1

Quoi de neuf
du côté de l'autorité ?

« Lorsque les pères s'habituent à laisser faire les enfants,
Lorsque les fils ne tiennent plus compte de leurs paroles,
Lorsque les maîtres tremblent devant leurs élèves et préfèrent les flatter
Lorsque finalement les jeunes méprisent les lois parce qu'ils ne
reconnaissent plus au-dessus d'eux l'autorité de rien et de personne,
Alors c'est là, en toute beauté et en toute jeunesse,
Le début de la tyrannie. »

Platon

▦ L'AUTORITÉ EST-ELLE EN VOIE DE DISPARITION ?

La thématique du déclin de l'autorité est de nouveau à la mode. Depuis déjà trois ou quatre décennies, on décrit un mouvement de transformation en profondeur des formes d'autorité qui régissent la vie sociale. Dans le sillage d'Alexis de Tocqueville, qui y voyait un effet de l'égalisation des conditions sociales propre à la modernisation des sociétés, Theodore Caplow[1] constate le déclin des appareils du contrôle social, en même temps que le relâchement de l'autorité personnelle. Perte de vitesse de l'autorité religieuse[2], de celle de l'État[3], fin de l'autorité du

---

1. Theodore Caplow, « Le déclin de l'autorité personnelle » in Michel Forsé, Simon Langlois (dir.), *Tendances comparées des sociétés postindustrielles*, PUF, 1995.
2. Danielle Hervieu-Léger, *Catholicisme, la fin d'un monde*, Bayard, 2003.
3. Hannah Arendt, « Qu'est-ce que l'autorité ? », in *La Crise de la culture*, Gallimard, coll. « Idées », 1972, p. 121.

père au sein de la famille[1] et mise à mal de celle de l'enseignant[2] ; le constat est celui de la crise, quand on ne prophétise pas la disparition pure et simple de l'autorité.

Aujourd'hui, la presse se fait très largement l'écho des préoccupations des penseurs de notre société. On y renvoie dos à dos des parents ayant perdu le contrôle d'une progéniture adulée et des enseignants perdus au sein d'une école qui intègre de moins en moins et est envahie par la violence « du dehors ». On pointe également la fin des valeurs traditionnelles issues de la religion en tant que référents comportementaux. Les pouvoirs publics et les représentants de l'autorité administrative ne sont pas épargnés par ce mouvement de discrédit, voire de désenchantement général. Finalement, à l'aune de l'autorité et des mouvements qui la secouent, on rattache, on explique, voire on tente de régler bon nombre de maux de notre société. Rien d'étonnant à cela, dans la mesure où, nous rappelle Gérard Mendel, « *l'autorité est un phénomène humain total, participant de la vie psychologique la plus quotidienne, nourrissant les réflexions les plus générales et se trouvant au cœur des théories politiques*[3] ».

C'est probablement une des raisons pour lesquelles le discours présentant la baisse de l'autorité comme une menace n'est pas nouveau. Force est de reconnaître que cette angoisse de la capacité à transmettre a de tout temps baigné les relations intergénérationnelles, même si elle s'exprime de manière différente selon les époques et les cultures. De tout temps aussi des voix se sont élevées, réclamant la réinstauration de dispositifs qui, jusque-là, servaient de référents à nos manières de vivre ensemble. Ce thème du retour à l'« autorité d'antan » est omniprésent dans les conversations de tous les jours, probablement parce que les « autres » solutions restent à inventer. En revanche, la plupart des éducateurs ou autres spécialistes en sciences humaines et sociales ne

---

1. *François* de Singly, « Le père de famille est devenu Pygmalion », *Le Monde des débats*, n° 1, 1999 ; Aldo Naouri, *Les Pères et les Mères*, Odile Jacob, 2004.
2. Francois Dubet, « Une juste obéissance », in Antoine Garapon, Sylvie Perdriolle (dir.), « Quelle autorité ? », *Autrement*, n° 198, p. 138-151, 2000.
3. Gérard Mendel, *Une histoire de l'autorité*, la Découverte, 2002.

croient guère en la pertinence d'un retour en arrière. De Munck[1] rappelle que les penseurs de la modernité, de Tocqueville à Luhmann en passant par Durkheim et Arendt, sont d'accord sur l'idée que, loin d'être conjoncturelle, la crise de l'autorité définit l'époque moderne comme telle.

Aujourd'hui, nombreuses sont les tentatives[2] qui essaient de faire un peu de lumière sur ce qui n'est bien souvent qu'une « lecture en creux » de l'autorité[3] : à ne souligner que l'absence, le manque, la perte ou le déficit, la tentation est grande de faire des raccourcis, notamment avec les phénomènes de violence émergents, et d'en oublier de penser ou de repenser l'autorité. Car, même pour Alain Renaut[4], la fin de l'autorité ne signifie pas sa disparition. Les auteurs s'accordent à reconnaître une époque fragilisée par le brouillage des fondements de l'autorité, d'où l'urgence de réfléchir aux formes qui pourraient répondre aux caractéristiques sociétales actuelles, afin de ne pas tomber dans deux attitudes extrêmes, que seraient l'autoritarisme ou bien le désistement[5].

---

1. Jean de Munck, « Les métamorphoses de l'autorité », in Antoine Garapon, Sylvie Perdriolle (dir.), « Quelle autorité ? », *op. cit.*
2. Beaucoup de revues ont consacré un dossier ou un numéro entier à l'autorité ces dernières années (*Autrement, Le Monde de l'éducation*, revue *Parents, Enjeux les Échos, La Croix, La Tribune...*). Ainsi que des livres comme :
   Laurent Joffrin, Philippe Tesson, *Où est passée l'autorité ?*, Nil, 2000.
   Gérard Mendel, *Une histoire de l'autorité*, *op. cit.*
   Louis Moreau de Bellaing, *Quelle autorité aujourd'hui ? Légitimité et démocratie*, ESF, 2002.
   Alexandre Kojève, *La Notion d'autorité*, Gallimard, 1942 (édité en 2004).
   Alain Renaut, *La Fin de l'autorité*, Flammarion, 2004.
   Charlotte Herfray, *Les Figures d'autorité*, Érès, 2005.
   Myriam Revault d'Allonnes, *Le Pouvoir des commencements : Essai sur l'autorité*, Seuil, 2006.
3. Sylvie Perdriolle, « Arguments pour une réflexion », in Antoine Garapon, Sylvie Perdriolle (dir.), « Quelle autorité ? », *op. cit.*
4. Alain Renaut, *La Fin de l'autorité*, *op. cit.*
5. Raphaël Draï, « Anamnèse et horizons », in Antoine Garapon, Sylvie Perdriolle (dir.), « Quelle autorité ? », *op. cit.*, p. 71-91.

▪ L'ENTREPRISE EST-ELLE TOUCHÉE ?

Si le sens commun s'accorde sur le constat précédent, dans quelle mesure les questions qui secouent les référents sociétaux en matière d'autorité touchent-elles aussi les organisations de travail ?

De l'autorité dans l'entreprise

Le premier constat qui s'impose est le manque d'engouement actuel pour ce vocable dans les discours et écrits traitant de l'organisation, tout comme chez ceux qui vivent la relation d'autorité dans leur quotidien de travail. L'autorité n'était pourtant pas absente du langage des premiers théoriciens de l'encadrement, comme Fayol[1] ou Barnard[2], par exemple. En 1936, Georges Lamirand, dans *Le Rôle social de l'ingénieur*[3], décrit au chapitre IV, intitulé « Servir et commander : comment être digne auprès de ses subordonnés d'une autorité dont on est le dépositaire ? » : « *Travailler, peiner, s'user même ; mais dans la sécurité et dans la joie parce que l'on est guidé par une main sûre vers un but certain ; comprendre qu'à son tour on a la confiance et la sympathie de ce quasi-demi-dieu qui poussera sa générosité jusqu'à provoquer votre séparation d'avec lui, le jour où il la jugera nécessaire à votre avenir : oh ! La splendide fortune ! [...] Qu'il sache en profiter et qu'en retour il soit pour ses collaborateurs, à son échelle, ce que son maître fut pour lui.* »

Pourquoi donc n'utilise-t-on plus le mot « autorité » pour caractériser les relations de travail au sein d'une hiérarchie ? Plusieurs hypothèses peuvent être avancées, dont la liste n'est pas exhaustive. D'abord, il semblerait que l'autorité en tant que mot ait pris une acception qui la fait dériver de sa définition originale. Usuellement, l'autorité est souvent entendue comme « autoritaire » et se confond donc avec le seul

---

1. Henri Fayol, « Administration industrielle et générale », *Bulletin de la Société de l'industrie minérale*, Dunod, 1916, p. 21 : « *L'autorité, c'est le droit de commander et le pouvoir de se faire obéir. [...] Pour faire un bon chef, l'autorité personnelle est le complément indispensable de l'autorité statutaire.* »
2. Chester I. Barnard, *The Functions of the Executive*, New York Free Press, 1938.
3. Georges Lamirand, *Le Rôle social de l'ingénieur*, Desclée de Brouwer, 1936, p. 56.

pouvoir de contrainte. C'est peut-être ce qui explique qu'aujourd'hui l'armée – qui a depuis toujours adopté comme principe que l'on ne discute pas les ordres – est une des rares organisations à sauvegarder ce vocable en tant que tel, sans pour autant négliger d'analyser son évolution d'ailleurs[1]. C'est aussi dans cet environnement que l'on parle encore de « commandement » pour caractériser l'action des personnes en charge d'équipes. L'époque où la relation de subordination se confondait avec l'autorité de commandement – et s'en satisfaisait – serait-elle complètement révolue ?

Nous avons commencé en outre à évoquer les nombreux travaux sur le leadership qui ont sans doute contribué à éluder ou confisquer la question de l'autorité, en la réduisant à un savoir managérial à mobiliser au sein d'une équipe, en vue d'une performance économique. Pourtant, les modèles théoriques les plus récents comme le *leadership transformationnel* ne sont pas si éloignés des caractéristiques qui définissent l'autorité.

Réalités de la démocratisation de l'entreprise

La plupart des observateurs de l'évolution des formes d'autorité dans la société[2] voient mal comment la dynamique démocratique de l'égalité et de la liberté, avec ce qu'elle induit en matière de transformation des relations de pouvoir, devrait ou même pourrait, à l'évidence, s'arrêter quelque part. La démocratisation de l'entreprise, le déclin des méthodes hiérarchiques et patriarcales suivraient en fait l'évolution qui touche l'autorité au niveau sociétal[3]. L'entreprise est toujours apparue comme le lieu d'une inégalité nécessaire, inégalité admise par des personnes placées contractuellement en situation de subordination. Les rapports entre les différentes strates sont aujourd'hui plus fluides, phénomène sans doute facilité par un contexte d'aplatissement des

---

1. Jacques Ardoino, « De la notion d'autorité et de la pratique du commandement », *L'Armée*, n° 81, 1968.
2. Tesson excepté. Pour lui, la crise touche l'ensemble des cadres sociaux sauf l'entreprise. Lire à ce sujet l'ouvrage de Laurent Joffrin, Philippe Tesson, *Où est passée l'autorité ?, op. cit.*
3. Gérard Mendel, *Une histoire de l'autorité, op. cit.*

lignes hiérarchiques. D'où la question souvent posée implicitement : comment commander à une personne de niveau presque semblable, ou comment établir une hiérarchie entre individus égaux ?

Éric Albert et ses collègues[1] constatent qu'aujourd'hui la réciprocité au sein de la relation de travail se fonde de plus en plus sur une logique d'échange de type « prestation de travail » contre « satisfaction des attentes personnelles ». Ils insistent sur une attente de « sur-mesure managérial », consacrant la relation manager/managé comme point central de la relation d'emploi. L'autorité serait devenue contractuelle, à charge pour celui qui la détient de mettre en place des mécanismes incitatifs pour permettre la réalisation du contrat[2].

Pour certains, néanmoins, l'autorité patronale de droit divin a encore de beaux jours devant elle, en particulier en France[3]. Pour Eugène Enriquez notamment, « *le dirigeant n'est pas critiquable, [...] n'est soumis à aucune règle, n'a de compte à rendre à personne, [...] a pleine autorité sur ses subordonnés, et est un chef de droit divin*[4] ».

Beaucoup jugent aussi sévèrement des formes d'autorité apparemment plus modernes, mais moins visibles, plus insidieuses et conduisant, selon eux, à des formes archaïques ou autoritaires de rapports dans le travail[5]. Gérard Mendel va jusqu'à évoquer la composante mortifère du « néo-management ». Avec Henri Vacquin[6], il dénonce une « *auto-autorité* », où le rôle du dominant, jusqu'alors tenu par le supérieur hiérarchique, donc par une personne extérieure, se trouve maintenant devoir être tenu par le sujet lui-même qui a intériorisé toutes les contraintes liées à la compétitivité[7].

Quel que soit le regard, il semblerait que l'entreprise n'échappe pas aux conséquences d'une évolution sociétale du rapport à l'autorité, mais selon des modalités qui restent à préciser. Il n'y a qu'à écouter deux

---

1. Éric Albert *et al.*, *Pourquoi j'irais travailler ?*, Éditions d'Organisation, 2003.
2. Chester I. Barnard, *The Functions of the Executive, op. cit.*
3. Louis Moreau de Bellaing, *Quelle autorité aujourd'hui ? Légitimité et démocratie, op. cit.*
4. Eugène Enriquez, « Évaluation des hommes et structures d'organisation des entreprises », *Connexion*, n° 19, 1976.
5. Mendel, Courpasson, Boltanski et Chiapello, Le Goff, Vacquin, Aubert...
6. Henri Vacquin, « Du caporalisme au désir », *Le Monde des débats*, mai 1999.
7. Une « usine à l'intérieur de soi ».

préoccupations actuelles, l'une qui est sur toutes les lèvres, celle du management des jeunes générations – question qui en déroute plus d'un – ; l'autre, plus taboue mais non moins réelle, celle d'un certain désamour pour les fonctions managériales. Ces deux enjeux, que l'on peut sans hésiter qualifier de stratégiques tellement les DRH actuelles leur consacrent de l'énergie, nous semblent constituer des marqueurs significatifs d'un rapport à l'autorité qui est – au minimum – questionné dans l'entreprise.

Nous proposons de faire de ces deux enjeux majeurs des ressources humaines le cahier des charges pratique de cet ouvrage.

▦ LA « GÉNÉRATION Y » EST-ELLE MANAGEABLE ?

Tout a été dit ou presque concernant cette génération[1] à laquelle quantité de colloques consacrent une belle énergie depuis environ quatre ans. Nés entre la fin des années 1970 et le milieu des années 90, ceux qu'on appelle les « Y »[2], pour les distinguer des « X », leurs parents baby-boomers, devraient profiter des départs massifs à la retraite des papy-boomers[3]. L'enjeu est de taille pour les employeurs qui rivalisent d'imagination pour les attirer et surtout les fidéliser.

Il ne s'agit pas ici de reprendre les constats des sociologues qui étudient les rapports des jeunes au travail et à l'entreprise[4]. On constatera simplement, au passage, que les tableaux qu'ils dressent sont assez proches des représentations que s'en font les managers eux-mêmes, ou encore les fonctionnels des ressources humaines. Notre propos est plutôt de regarder en quoi une approche par la notion d'autorité peut éclairer le monde managérial sur son actuelle difficulté à comprendre et à manager ces jeunes. Nous concentrerons nos efforts en particulier sur ceux qui demeurent, même en période de crise, « les

---

1. 13 millions de Français, un cinquième de la population.
2. Ou génération 2.0, *Whyers, e-generation, echo-boomers…*
3. Entre 2010 et 2015, 600 000 emplois devraient être générés par des départs à la retraite.
4. Galland, Flamant, Eme et Tchernia notamment.

enfants gâtés » de l'emploi : les jeunes diplômés. La gestion de cette population est devenue un enjeu stratégique pour les directions des ressources humaines qui, dans la mesure où elles investissent massivement dans des dispositifs d'intégration et de formation, souhaitent voir leurs efforts récompensés.

Nous proposons donc d'aller à la rencontre des attentes d'autorité de cette population. Dans un premier temps (chapitre 3), nous donnerons à voir les contenus des représentations collectives des jeunes diplômés de la notion d'autorité et, en particulier, quand elle s'exerce dans le cadre de l'entreprise. Puis nous explorerons d'une manière plus qualitative (chapitre 4) les attentes d'autorité managériale des « Y » dans leurs situations de travail respectives.

■ POURQUOI J'IRAIS MANAGER ?
DES MANAGERS EN PANNE DE LÉGITIMITÉ

L'autre bonne raison qui motive, selon nous, une enquête sur l'autorité managériale est la situation délicate que connaît aujourd'hui la fonction managériale.

Pour qui récolte les confidences des managers ou ceux pressentis comme tels, il est fréquent de constater qu'ici et là la fonction managériale fait l'objet d'un certain désamour. La question est clairement posée : pourquoi endosser autant de risques et de préoccupations pour se voir si peu payé de retour ? Stress professionnel, isolation de la fonction et manque de soutien par la ligne hiérarchique sont autant d'expériences vécues et partagées qui incitent moins aux vocations que par le passé, où le prestige de la fonction d'encadrement suffisait à faire se lever les candidats. Est également passé par là un véritable mouvement d'autonomisation des collectifs de travail et de raccourcissement des lignes hiérarchiques, le tout appuyé par le développement des NTIC ; autant de conditions qui, par endroits, ont rendu la relation d'encadrement tellement « virtuelle » qu'on a pu enterrer (bien vite) le manager et le management.

Le problème est dénoncé depuis quelques années déjà (Falcoz[1], Albert, etc.) ; on y parle de valse des managers, de manque de reconnaissance, d'injonction croissante à la prise de risque. Certains managers, y compris à un niveau *« middle »*, doivent endosser de plus en plus de responsabilités, y compris pénales parfois. Aujourd'hui donc, ils y regardent à deux fois avant de s'engager. Du côté des DRH, le phénomène est également reconnu, mais en voix off, parce que l'entreprise a sa part de responsabilité dans cette décote des fonctions d'encadrement, et beaucoup plus qu'on ne le croit, comme on le verra plus loin.

Pourtant, on aurait tort de négliger le manager. De plus en plus d'études tendent à montrer que les jeunes que l'on cherche à fidéliser quittent plus un manager qu'une entreprise. Pour Daniel Ollivier[2], 70 % démissionneraient suite à une mésentente avec le manager. Pour une entreprise, une des pistes les plus prometteuses pour progresser sur sa problématique « jeunes » est à rechercher au cœur de ses équipes managériales, en commençant par réaliser que le manager est, et sera, de plus en plus le véritable médiateur de la relation de travail[3] qui s'instaure avec le nouvel embauché. Mais si nous considérons que le manager aujourd'hui est au centre de cet ensemble de promesses faites à l'entrée dans l'entreprise, cela signifie que les jeunes collaborateurs, pour continuer à croire à ces promesses, vont avoir besoin d'alimenter une vision légitime de celui qu'ils perçoivent comme leur garant. Croire en l'autorité de son manager, c'est croire en l'entreprise. Ce n'est plus à un projet d'entreprise que les jeunes se rattachent aujourd'hui ; ils s'attachent à leur organisation à travers un certain nombre de relations interpersonnelles, au premier rang desquelles la relation managériale.

Comment donc re-faire du management une fonction attractive et durable ? Les chapitres 4, 5 et 6 ouvriront de nouvelles pistes de réponse.

---

1. Christophe Falcoz, *Bonjour les managers, adieu les cadres !*, Éditions d'Organisation, 2003.
2. Daniel Ollivier, *Génération Y mode d'emploi*, De Boeck, 2008.
3. Sylvie Deffayet, Nathalie Tessier, « Réussite de la relation d'emploi et qualité de la relation managériale : quels enjeux pour le manager ? », *Gestion 2000*, nov.-déc. 2005.

Chapitre 2

L'autorité, de quoi parle-t-on ?

« L'homme fait pour les affaires et l'autorité ne voit point les personnes ;
il ne voit que les choses, leur poids et leur conséquence. »

Emmanuel de Las Cases, *Le Mémorial de Sainte-Hélène*

Pour cerner la notion d'autorité, retrouvons d'abord son sens et ses fonctions premières grâce aux approches étymologiques. Puis rappelons-en les grandes caractéristiques, celles qui font consensus, indépendamment des différentes approches théoriques.

■ RETOUR AUX FONDAMENTAUX

L'étymologie nous fournit des repères souvent oubliés ou inusités. *Auctor* signifie « celui qui augmente », « qui augmente la confiance ». C'est le « garant », le « modèle ». L'autorité est en premier lieu une force qui sert à soutenir et à accroître[1] ; sa finalité est l'augmentation de l'être à qui elle s'applique[2]. Raphaël Draï[3] se livre à une recherche étymologique très détaillée qui l'amène à préciser qu'*augeo* indique non pas le fait d'accroître ce qui existe, mais l'acte de produire hors de sa propre

---

1. Louis-Marie Morfaux, *Vocabulaire de la philosophie et des sciences humaines*, Colin, 2005.
2. Robert Damien, « Présentation de l'autorité et de son chef », in « Qu'est-ce qu'un chef ? La crise de l'autorité aujourd'hui », *Revue Cités*, PUF, avril 2001.
3. Raphaël Draï, « Anamnèse et horizons », in Antoine Garapon, Sylvie Perdriolle (dir.), « Quelle autorité ? », *op. cit.*, p. 79-80.

aire. Ainsi, *« toute parole prononcée avec l'auctoritas détermine un changement dans le monde, crée quelque chose de nouveau et, en outre, donne naissance à une loi[1] ».* Il rappelle que l'autorité se rapporte à l'action, au faire et au faire faire avec, là aussi, une précision fondamentale : ce faire et ce faire faire doivent comporter un sens. Ce sens doit être consacré par une instance supérieure transcendante. Grâce au mot « *krainen* », issu de l'étymologie hébraïque, Draï nous fait entrevoir un autre ressort fondamental de la notion : son caractère prophétique et engageant l'avenir. Ainsi l'autorité ouvre-t-elle des perspectives et des espérances, en contrepartie de l'observation des normes et des règles[2]. Ces critères du sens et des perspectives comme moteurs et bénéfices constituent une première différence entre le pouvoir et l'autorité. Sans eux, le pouvoir est nu. Ainsi l'autorité se définit-elle comme un pouvoir « désirable », qui a du sens et qui enrichit ou fait « grandir » celui qui s'y soumet.

C'est donc le rôle du détenteur de l'*auctoritas* que d'offrir un guide pour l'action, une référence pour la compréhension du monde, finalement une base de sécurité, en même temps que le développement (*l'augmentation*) de la personne à laquelle l'autorité s'adresse. C'est le pouvoir traditionnellement dévolu aux figures d'autorité : parents, maître d'école *(magister dixit)*, prêtre, mais aussi maître de l'apprenti dans le monde du travail.

Au-delà de la notion de référent, l'autorité permet aussi au subordonné de vivre la grandeur par procuration[3]. La participation à un grand projet, dont il n'endosse pas tous les risques, mais dont il reçoit un certain nombre de retombées positives, est un ressort pratique de la position du subordonné, que ce soit pour des raisons calculées, ou pour la réalisation d'un idéal.

---

1. *Ibid.*
2. *Ibid.*
3. Gérard Mendel, *Une histoire de l'autorité, op. cit.* ; Chantal Delsol, *L'Autorité*, PUF, coll. « Que sais-je ? », 1999.

Sur le plan social maintenant, la fonction de l'autorité est fondamentale puisqu'elle permet les échanges entre les individus, en leur donnant des cadres pour vivre les rapports sociaux[1]. Chaque partie prenante peut donc y inscrire son intervention, dans une marge de liberté forcément relative[2]. L'autorité est reliée à un statut social ; elle est un rôle dans un corps social structuré[3]. En tant que telle, elle participe de l'organisation de la vie sociale en fixant les droits et les devoirs.

▪ DÉFINITION ET CARACTÉRISTIQUES DE L'AUTORITÉ

En français, « autorité » a pris de multiples sens qui peuvent se ramener à trois selon Gaston Fessard[4] :

- *« Un pouvoir juridique qui appartient au prince dans l'État ou au chef dans les sociétés de droit. Cela permet de désigner la personne qui a l'autorité (suprême).*
- *Le pouvoir de fait dont jouit celui qui sait s'imposer à autrui, en raison de qualités personnelles : le chef né est celui qui a de l'autorité (même quand il n'a pas l'autorité).*
- *La valeur de celui qui fait autorité (valeur vérifiée ou vérifiable ; celle du savant qui est une autorité) et qui peut s'appliquer également à une chose, une œuvre produite qui sert de modèle ou de preuve[5]. »*

À partir de ces trois grandes acceptions, qui constituent un premier socle pour la compréhension d'une notion, dont peu d'auteurs se hasardent à faire un concept, rappelons maintenant quelles sont les caractéristiques qui font consensus et quels sont les grands mécanismes de l'autorité.

---

1. Louis Moreau de Bellaing, *Quelle autorité aujourd'hui ? Légitimité et démocratie*, op. cit.
2. Pour Hannah Arendt, l'autorité est bien une obéissance dans laquelle les hommes gardent leur liberté.
3. Laurent Mucchielli, *Relation et autorité*, ESF, 1996.
4. Gaston Fessard, *Autorité et bien commun*, Aubier-Montaigne, 1969.
5. *Ibid.*

L'autorité est indissociable du pouvoir, mais exclut la contrainte et l'argumentation

Si l'on se réfère aux définitions les plus larges et consensuelles de l'autorité[1], on constate qu'elles excluent l'usage de la force, et donc du pouvoir autoritaire, mais aussi l'usage de l'argumentation. Pour Gérard Mendel, c'est une « *variété de pouvoir qui assure l'obéissance des subordonnés sans user de la force manifeste, de la contrainte physique, de la menace explicite, et sans avoir à fournir de justifications, arguments ou explications[2]* ». On trouve cette position chez Hannah Arendt également : « *L'autorité exclut l'usage de moyens extérieurs de coercition. D'autre part, l'autorité est incompatible avec la persuasion qui présuppose l'égalité et opère par un processus d'argumentation. S'il faut définir l'autorité, alors ce doit être en l'opposant à la fois à la contrainte par force et à la persuasion par arguments[3].* » Renaut résume l'énigme du passage du pouvoir à l'autorité par le recours à un surpouvoir : « *Surcroît de justification ou de fondation [...] qui ne peut plus consister simplement à lui ajouter un pouvoir de plus, mais à modifier la nature ou la teneur même de ce pouvoir.[4]* » Ce supplément de pouvoir correspond bien à la notion d'*auctoritas*[5], forgée par les Romains pour la distinguer de *potestas* ou *imperium*, qui désigne le cadre simple de la relation de pouvoir. L'autorité produit une « *obéissance volontaire qui permet à la domination de faire l'économie de la violence et au commandement d'être incontesté[6]* ».

À la lueur de ces définitions, le mystère reste entier puisque l'autorité est définie par rapport à des leviers de pouvoir qu'il n'est pas nécessaire d'actionner.

---

1. Reprises par les sociologues, les psychologues ou les philosophes politiques.
2. Gérard Mendel, *Une histoire de l'autorité, op. cit.*
3. Hannah Arendt, « Qu'est-ce que l'autorité ? », in *La Crise de la culture, op. cit.*, p. 123.
4. Alain Renaut, *La Fin de l'autorité, op. cit.*, p. 41.
5. Explication proposée par Hannah Arendt, comme le souligne Alain Renaut.
6. Alain Renaut, *La Fin de l'autorité, op. cit.*, p. 41.

L'autorité implique une relation d'influence affective asymétrique

L'autorité implique avant tout une relation. Cette relation s'exerce dans un cadre particulier, celui de l'inégalité ; elle implique *la perception d'une différence* entre un supérieur et un inférieur[1]. Cette inégalité s'impose comme une évidence, de part et d'autre de la relation : *« C'est un rapport social de dépendance intériorisé comme légitime[2]. »* Que cette inégalité repose objectivement ou non sur une différence de statut, peu importe ; ce qui compte, c'est cette représentation d'inégalité enracinée profondément dans le psychisme des individus. L'autorité, en effet, *« puise sa force au plus profond de l'entonnoir affectif[3] »*.

L'autorité : un chantier permanent

Paradoxalement, ce qui fait la force de l'autorité, c'est la possibilité qu'elle soit remise en cause à tout moment. Pour Alexandre Kojève, c'est *« la possibilité qu'a un agent d'agir sur les autres, sans que ces autres réagissent sur lui, tout en étant capables de le faire[4] »*. François Bourricaud parle d'un pouvoir *« qui accepte ou même qui institue son propre procès de légitimation[5] »*. Si l'autorité s'expose, c'est pour son bien et sa continuation. En passant l'épreuve d'une justification continue de ses prétentions, elle se renforce[6]. Elle résulte de l'exposition personnelle à l'interrogation d'autrui[7] et est une véritable réserve de sens critique[8].

Ainsi la relation est-elle fondée sur une inégalité, mais cette inégalité ne provoque pas un déséquilibre tel que l'inférieur se retrouve dans une

1. Chantal Delsol, *L'Autorité*, *op. cit.*
2. Georges Thinès, Agnès Lempereur, *Dictionnaire général des sciences humaines*, Ciaco, 1984.
3. Gérard Mendel, *Une histoire de l'autorité*, *op. cit.*
4. Alexandre Kojève, *La Notion d'autorité*, *op. cit.*
5. François Bourricaud, *Esquisse d'une théorie de l'autorité*, Plon, 1961, p. 7.
6. Francois Dubet, « Une juste obéissance », *op. cit.*, p. 138-151.
7. Raphaël Draï, « Anamnèse et horizons », in Antoine Garapon, Sylvie Perdriolle (dir.), « Quelle autorité ? », *op. cit.*, pp. 79-80.
8. Antoine Garapon, « Le nouvel âge de l'autorité », in Antoine Garapon, Sylvie Perdriolle (dir.), « Quelle autorité ? », *op. cit.*, p. 10.

situation de contrainte totale. Bien au contraire, l'interaction, ou la relation d'autorité, présuppose de nombreuses ressources chez la personne en situation d'infériorité, notamment dans la reconnaissance et l'acceptation de cette forme particulière de pouvoir.

L'autorité est indissociable de la légitimité

Indissociable de la notion d'autorité, la légitimité rappelle en effet que le détenteur du pouvoir aura toujours à *conquérir* l'autorité. Pour Max Weber[1], l'autorité est la conjonction du pouvoir et de la légitimité. Avec la légitimité, on explique ce qui « autorise » un supérieur à exercer son autorité sur un subordonné. Sans cette acceptation ou reconnaissance, il n'y a pas d'autorité et de comportements d'obéissance associés.

Le pouvoir limité et sous conditions de l'autorité

Dans tous les cas de figure, cette forme de pouvoir est limitée par des cadres, qu'ils soient institutionnels, négociés dans la relation interpersonnelle, ou encore intériorisés cognitivement ou affectivement par les individus. Pour Theodore Caplow, l'autorité est une *« coercition cautionnée collectivement[2] »*. Toute forme d'autorité, même personnelle, s'inscrit dans un cadre institutionnel délimitant les limites à l'intérieur desquelles elle peut s'exercer légitimement, y compris, ajoute-t-il, lorsqu'il s'agit du recours à la violence. Les conventions qui nous lient aux représentants de cette autorité institutionnelle – parents, enseignants, représentants de l'ordre public, officiers, prêtres ou dirigeants – ont pour fonction de protéger et de perpétuer nos rapports d'autorité, justement parce qu'ils sont limités à des cadres d'intervention précis. Dans le cadre de la relation d'autorité elle-même, nous avons vu que chez l'« inférieur », la réaction contre l'autorité restait toujours possible. Le renoncement à cette réaction est conscient et volontaire[3].

1. Max Weber, *Économie et société*, Plon, 1956.
2. Theodore Caplow, « Le déclin de l'autorité personnelle » in Michel Forsé, Simon Langlois (dir.), *Tendances comparées des sociétés postindustrielles*, op. cit.
3. Alexandre Kojève, *La Notion d'autorité*, op. cit., p. 58.

Tout va dépendre de l'*acceptabilité* de l'ordre donné[1] et de la représentation que le subordonné va se construire du détenteur de l'autorité.

Les critères de reconnaissance de l'autorité du supérieur mobilisent donc différents niveaux de perception, des plus rationnels et conscients, aux ressorts plus affectifs et inconscients, chez un individu placé en situation de « subir » l'autorité.

Après les définitions consensuelles, mais émanant de la communauté intellectuelle, il est intéressant d'aller à la rencontre des représentations que s'en font les individus en prise à des relations d'autorité quotidiennes. Nous nous préoccupons plus particulièrement du cas des jeunes diplômés.

---

1. Paul Albou, *Problèmes humains de l'entreprise*, Dunod, 1971.

Chapitre 3

L'autorité,
de quoi parlent-ils ?

« Pour avoir quelque autorité sur les hommes, il faut être distingué d'eux.
Voilà pourquoi les magistrats et les prêtres ont des bonnets carrés. »

Voltaire, *Le Sottisier, Pensées détachées*

Avant de faire connaissance avec des représentations singulières de l'autorité (que l'on obtient grâce à des entretiens), il est intéressant d'explorer l'idée commune que s'en fait le plus grand nombre.

- Qu'est-ce qui est partagé concernant l'autorité aujourd'hui, alors qu'on constate son déficit ?
- Parler d'autorité pour caractériser la relation d'encadrement a-t-il encore un sens, en particulier quand cette relation concerne un jeune collaborateur ?

C'est ce que nous avons voulu savoir en enquêtant sur les représentations de l'autorité partagées par un groupe sociologiquement homogène : les jeunes diplômés d'une école de commerce[1].

◼ EN QUÊTE DE L'AUTORITÉ MANAGÉRIALE : LE CAS DES JEUNES DIPLÔMÉS

L'objectif de cette approche collective est de nous renseigner sur le manager en tant qu'autorité. Que disent aujourd'hui ces jeunes

---

1. Enquête menée en ligne au printemps 2006.

diplômés à propos de l'autorité, puis de l'autorité de leur manager ? À quelles figures d'autorité se rattachent-ils ? Le manager en fait-il partie ?

La population interrogée

Quatre promotions d'anciens élèves de l'EDHEC ont été sollicitées pour répondre au questionnaire. Ils ont été contactés *via* leur boîte aux lettres d'« anciens » ; 143 ont répondu au questionnaire en l'espace de trois semaines[1]. Ils ont entre un an et cinq ans d'expérience après leur obtention de diplôme. Ils ont entre 23 et 29 ans ; 22 % travaillent en PME ; 52 % sont des femmes.

Position de leur manager et nature des échanges

La plupart des répondants sont intégrés à des équipes de taille assez réduite.

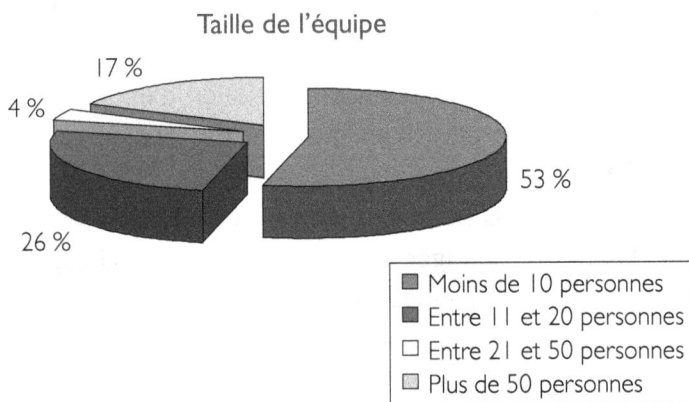

Taille de l'équipe

17 %
4 %
53 %
26 %

- Moins de 10 personnes
- Entre 11 et 20 personnes
- Entre 21 et 50 personnes
- Plus de 50 personnes

« Quelle est la taille de votre équipe ? »

---

1. Taux de retour : 8 %.

Le manager est le plus souvent « posté » non loin d'eux.

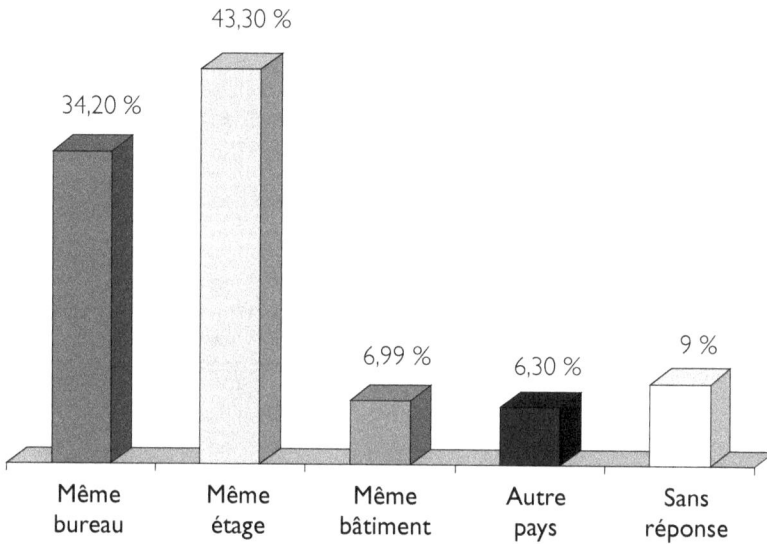

« Votre manager se trouve physiquement dans… »

Pour 61 % d'entre eux, il est leur manager depuis au moins un an.

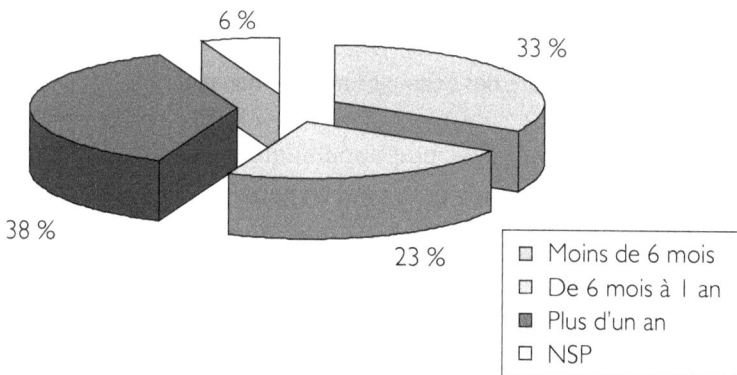

« Depuis quand est-il votre manager ? »

La fréquence des échanges est assez élevée puisque 71 % d'entre eux ont un échange une fois par jour avec leur manager et ce, pour des motifs variés.

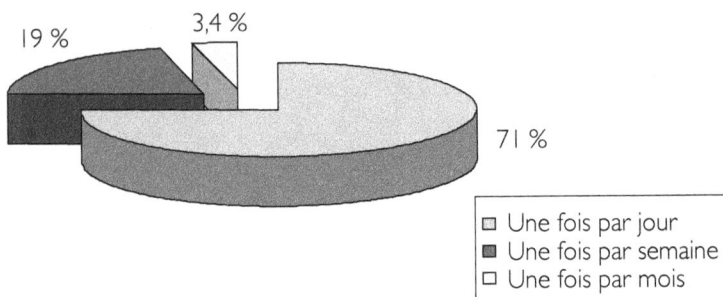

Fréquence des échanges

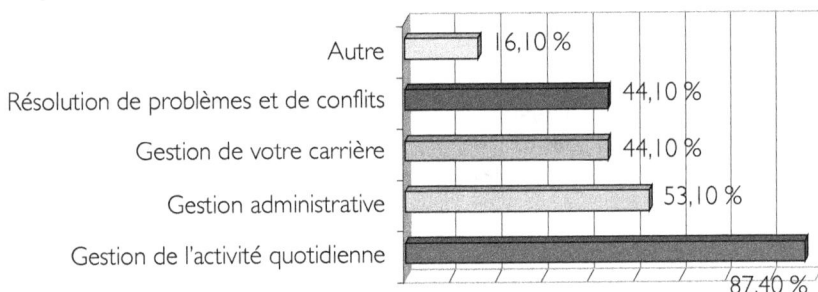

Nature des échanges avec le manager

Ici – et cela est cohérent avec une population entrée assez récemment dans l'entreprise et le monde du travail en général –, le jeune collaborateur bénéficie manifestement d'un suivi régulier de la part d'un manager qui, du point de vue de sa place dans l'organisation, est en capacité d'assurer ce suivi, car il est aussi en charge de la dimension opérationnelle ou quotidienne du management. On peut donc parler de management de proximité, même s'il s'agit de cadres encadrant des cadres[1].

---

1. Alors que, bien souvent dans la littérature, la notion de « management de proximité » s'applique plus à des niveaux d'agents de maîtrise.

Comment présentent-ils leurs contextes de travail ?

Le traitement statistique fait apparaître le portrait d'une population qui se sent bousculée par les contraintes de temps, de délai et de mobilité, en proie à une flexibilité plus subie que choisie. Les données semblent suggérer que l'absence de support et de repères provenant du management peut expliquer le stress ressenti.

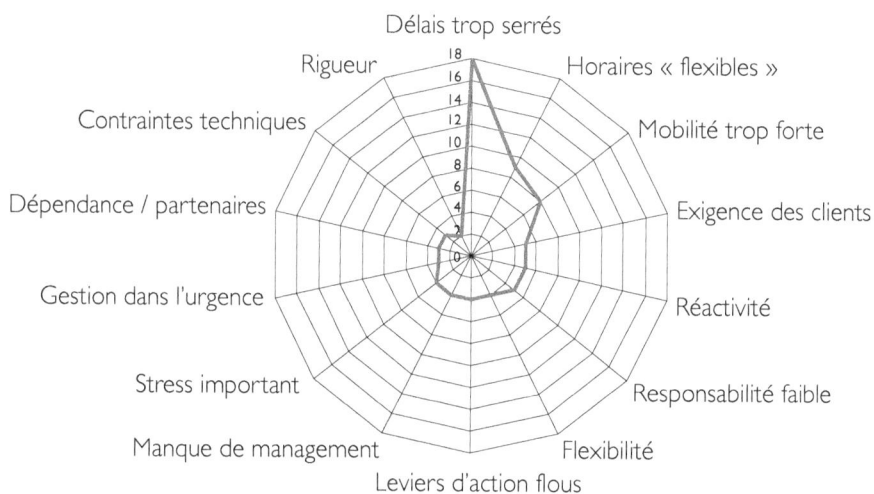

Les contraintes décrites par les jeunes diplômés[1]

Malgré ces dimensions de contrainte, nous constatons que l'autonomie dans le poste est perçue comme importante par près de 78 % de la population.

---

1. Les chiffres correspondent au nombre de fois où le mot est cité.

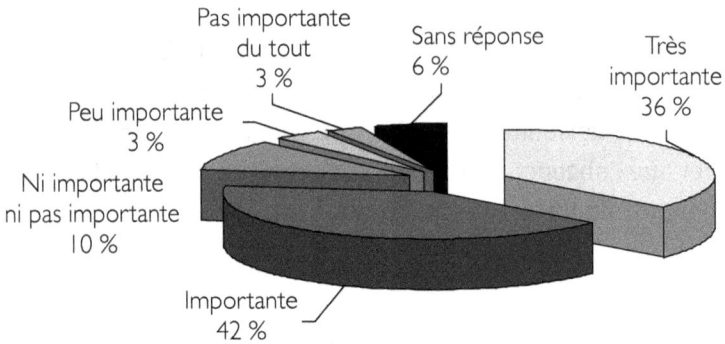

« Dans votre poste, vous disposez d'une autonomie… »

Il s'avère que 70 % des diplômés disent s'épanouir dans leur emploi. Mais faut-il vraiment se satisfaire de ce chiffre, pour un premier emploi justement ?

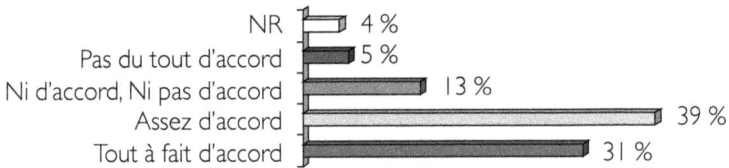

**« Que pensez-vous de l'affirmation suivante :
"Mon emploi est propice à mon épanouissement" » ?**

En somme, ces jeunes diplômés se décrivent comme contraints mais autonomes et se trouvent assez épanouis dans leur travail.

Comment cette population aborde-t-elle la notion d'« autorité » ? Quels sont les modèles personnels auxquels elle se réfère ? Quand elles s'appliquent au management, comment les notions d'autorité et de légitimité se déclinent-elles ?

L'approche par le sens commun

Pour répondre à ces questions, nous faisons en grande partie appel aux *représentations sociales*, qui peuvent être considérées comme une connaissance spontanée, « naïve », voire une *« pensée naturelle[1] »*. L'accès à ces contenus (les représentations) permet de mieux comprendre ce qui se joue pratiquement sur le terrain de la relation d'autorité. La représentation sociale comporte une structure avec un *noyau central* et un *système périphérique.*

Les éléments de sens présents dans le noyau sont par nature stables et rigides, donc peu sensibles au changement. Par contre, le système périphérique a une fonction adaptative, en permettant l'intégration des expériences successives des personnes en confrontation avec le réel[2]. En ce sens, l'interrogation des éléments présents dans le noyau, quels que soient les contextes, peut nous permettre d'éclairer et de nuancer des résultats d'études de cas, très sensibles, eux, aux différences dans les situations de travail.

■ LES REPRÉSENTATIONS D'AUTORITÉ CHEZ LES JEUNES DIPLÔMÉS

Nous explorons les représentations sociales de quatre notions :

- l'autorité ;
- les figures d'autorité ;
- les personnes d'autorité qui ont compté ;
- la légitimité du manager.

D'autres questions sont intégrées à ce questionnaire, dont nous présentons les résultats au fur et à mesure.

---

1. C'est un système de savoirs pratiques (opinions, images, attitudes, préjugés, stéréotypes, croyances) et une forme particulière de la connaissance qui s'élabore à travers l'expérience, les informations, les savoirs, les modèles mentaux que nous recevons, échangeons, transmettons par la communication, l'éducation ou la tradition. Véronique Boulocher, Valérie Petit, "The Relevance of the French Social Representations Theory : Methods in Teaching and Research : 3 Studies in Marketing and Management", *Academy of Management Conference*, Atlanta, 2006.
2. *Ibid.*

Vous avez dit « autorité » ?

Ce sont les mots de « hiérarchie », de « charisme », de « pouvoir » et de « respect » qui sont le plus fréquemment mobilisés par les jeunes diplômés pour évoquer la notion d'autorité, avec juste derrière et également en bonne place : « leadership », le « chef », la « responsabilité » et la « compétence »[1].

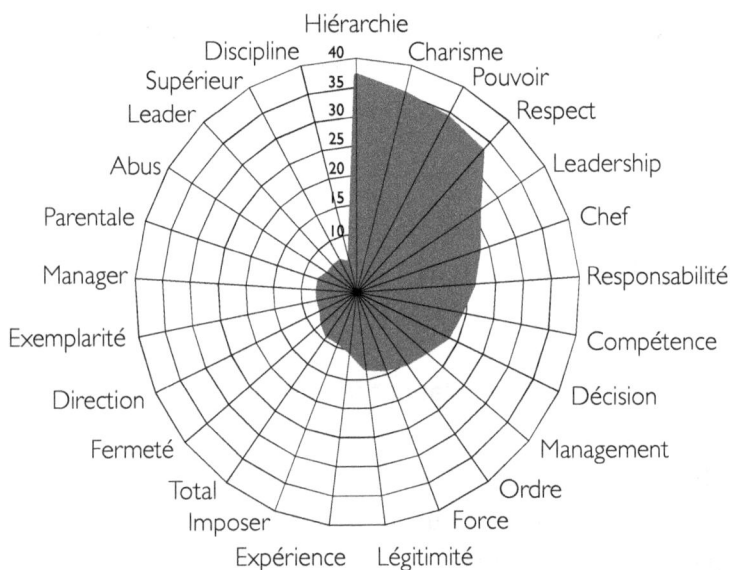

**« Citez cinq mots que vous associez spontanément au terme "autorité". »
Fréquence des mots utilisés**

---

1. Nous recourons en premier lieu à une représentation à partir des fréquences d'utilisation des mots, pour ensuite examiner, en croisant la fréquence avec le rang (place réservée au mot dans la liste donnée par les répondants), quelles sont les notions qui vont se retrouver dans la partie stable de la représentation, c'est-à-dire le noyau.

Précisons maintenant quelles sont les notions que l'on retrouve dans la partie stable de la représentation, c'est-à-dire le *noyau*.

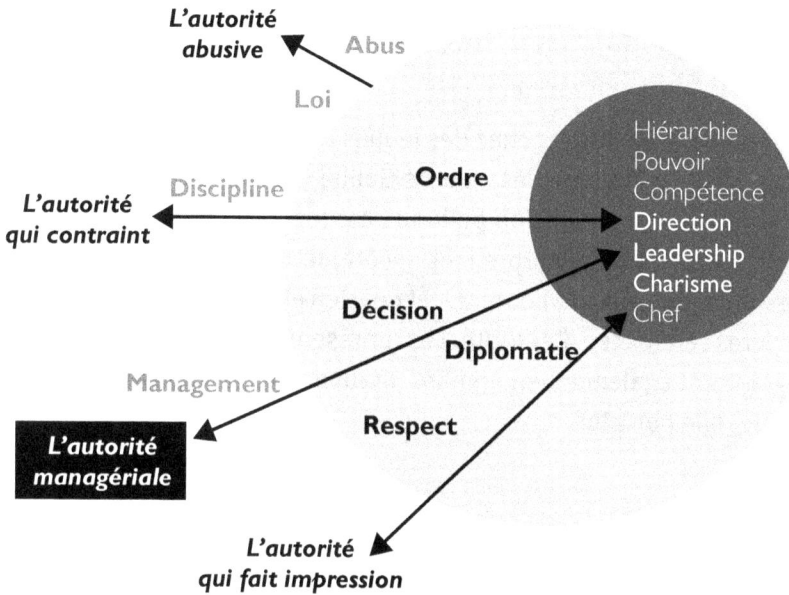

**Cartographie de la représentation sociale « autorité »
chez les jeunes diplômés**

On trouve donc, au cœur de la représentation sociale de l'autorité, des mots issus du registre « formel », traditionnel et statutaire de l'autorité (« hiérarchie », « pouvoir », « chef », « décision », « force »), ainsi que ceux issus d'une culture managériale plus récente (« leadership », « charisme », « manager », « leader », « compétence »). Ces représentations sont partagées par le plus grand nombre de nos répondants.

Se trouvent ici représentées les différentes acceptions de l'autorité, de la plus contraignante, voire abusive, à celle qui fait impression de manière automatique, voire magique. L'autorité, dans sa dimension statutaire, est également bien présente.

Regardons maintenant ce qu'il en est des figures et personnes d'autorité auxquelles les jeunes diplômés disent se référer. Quelle est la place de l'entreprise et de ses référents dans cette représentation ?

Figures et personnes d'autorité : le manager en bonne place

Il est étonnant de trouver chez des jeunes de moins de 30 ans des références aussi traditionnelles que de Gaulle ou Napoléon, preuve que l'autorité dans sa dimension politique est toujours bien présente pour cette population. Plus surprenant encore, le patron arrive juste après les parents, qui, eux, demeurent – et qui s'en étonnerait vraiment ? – les premières références d'autorité. Les représentants publics de l'autorité apparaissent également en nombre, preuve que leur autorité n'est pas absente, elle non plus.

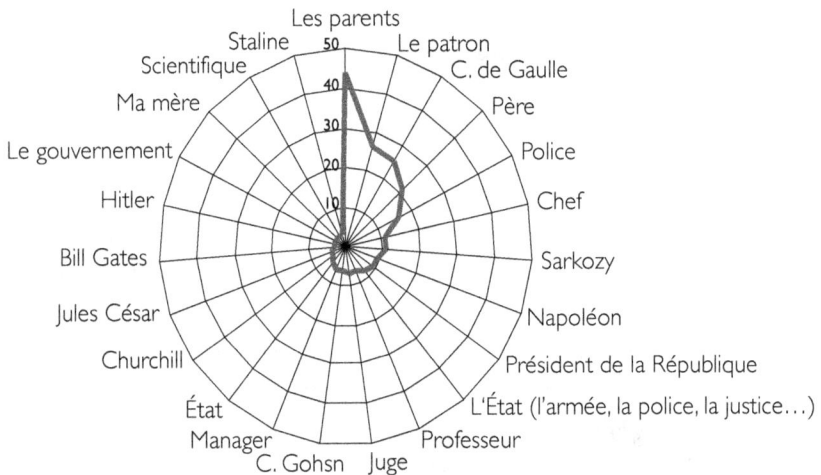

« Citez trois figures qui incarnent pour vous l'autorité. »

© Groupe Eyrolles

Voyons maintenant, sur un plan moins symbolique, qui est nommé en
tant que « personne d'autorité ayant compté » pour ces jeunes.

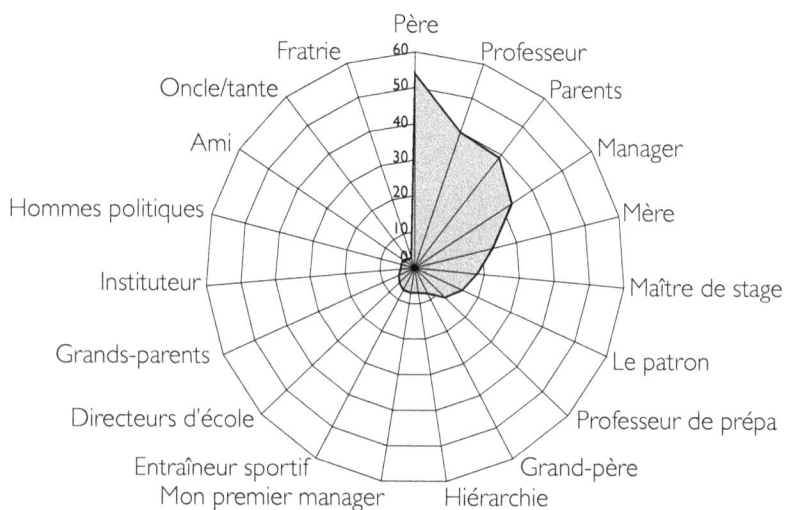

**« Dans votre histoire personnelle, quelles "personnes d'autorité"
ont compté pour vous ? (Précisez le lien.) »**

Ce qui frappe d'emblée, c'est la prééminence du « père », au détriment
de la « mère »[1]. Celle-ci est deux fois moins citée que le père, qui occupe
la toute première place dans la représentation.

© Groupe Eyrolles

---

1.   Quand les parents sont envisagés séparément, bien sûr.

Cette tendance sera encore confirmée avec la recherche des éléments présents au cœur du noyau :

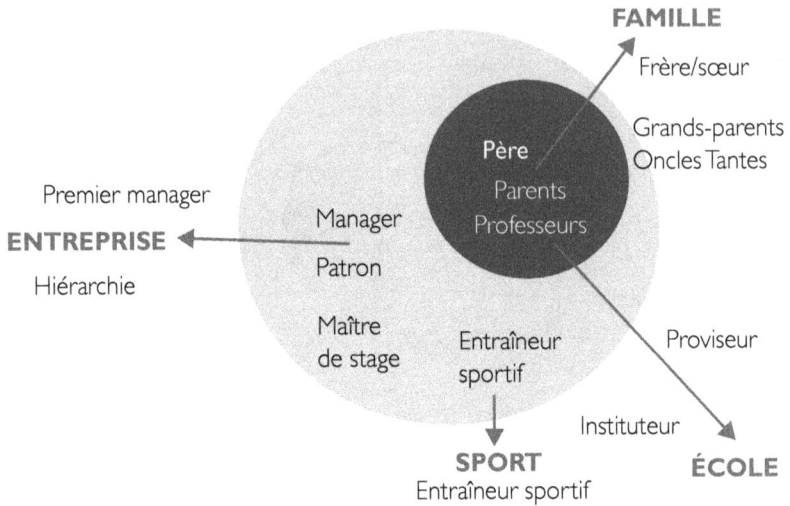

Cartographie de la représentation sociale « personnes d'autorité »

La première conclusion concerne la place symbolique et réelle du père en tant que modèle d'autorité, preuve que son autorité et ce qu'il représente sont loin d'avoir volé en éclats.

Dans le noyau stable de la représentation, on constate que les professeurs (dont les professeurs de classe préparatoire) occupent une place proche de celle des parents et même plus proche que celle des ascendants. Dans l'immédiate zone périphérique apparaissent le manager, tout comme le dirigeant et l'entraîneur sportif. Du côté de l'entreprise toujours, on peut aussi remarquer **l'importance attribuée au maître de stage, voire au premier manager,** modèles visiblement essentiels pour des jeunes qui sont entrés récemment dans la vie active.

On se trouve en présence d'une image qui est loin de valider l'hypothèse d'un bouleversement complet des repères d'autorité chez les jeunes diplômés, bien au contraire. Ce qui nous intéresse, c'est la bonne place à laquelle se retrouve le manager, tout comme le rôle qui semble avoir été joué par les premiers encadrants du monde du travail.

▦ LE VÉCU DE LA RELATION MANAGÉRIALE OU COMMENT S'ALIMENTE L'AUTORITÉ

Venons-en maintenant au sujet qui nous préoccupe : comment s'alimente concrètement la reconnaissance d'autorité dans la représentation du jeune collaborateur ? Visiblement, parler d'autorité dans l'entreprise ne va pas de soi.

L'autorité avance masquée

La notion d'autorité associée à la relation managériale est très loin de faire l'unanimité. À la question : *« Que pensez-vous de l'affirmation suivante : "L'autorité caractérise la relation hiérarchique avec mon manager actuel" ? »*, 30 % seulement des répondants sont « d'accord » (40 % ne sont « pas d'accord » et 30 % sont « indécis »).

L'autorité est donc perçue comme relativement incongrue pour caractériser les relations dans les contextes de travail modernes. On pouvait s'y attendre, dans la mesure où, dans l'ensemble de la société, le mot pose problème. Par ailleurs, c'est paradoxal quand on mesure la place du manager en tant que personne d'autorité...

Pour accéder quand même à ce qui alimente l'autorité du manager aux yeux du jeune collaborateur, il va donc être plus pratique de l'appréhender par son vocable corollaire, celui de la « légitimité » :

- de quoi se compose la légitimité du manager dans les représentations de notre groupe ?
- le manager actuel est-il considéré comme légitime aux yeux de ces jeunes diplômés ?

La représentation sociale de la légitimité du manager

Un traitement par la fréquence des termes récoltés fait apparaître un cortège de critères assez traditionnels autour de la légitimité du manager, avec les notions de compétence, de management et de communication en très bonne place. La difficulté de ces trois premières notions est qu'elles sont très larges, donc assez difficilement et directement exploitables. Qu'y a-t-il exactement derrière la compétence, le management ou encore la communication ?

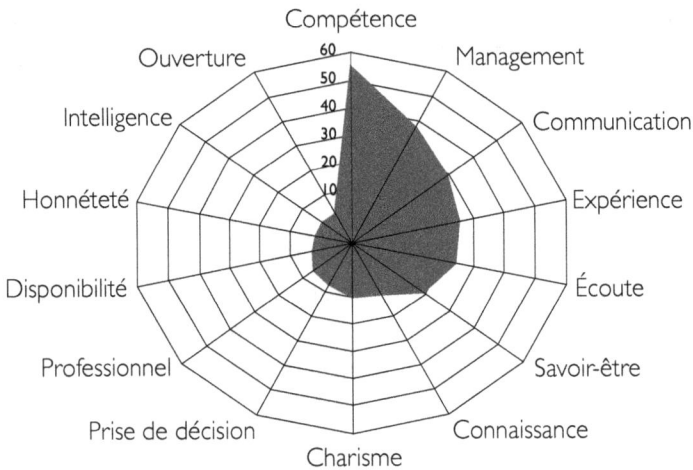

« Qu'est-ce qui fait, à vos yeux, la légitimité d'un manager dans votre contexte de travail ? Citez cinq critères. »

De manière plus fine maintenant, la représentation sociale de la légitimité donne à voir dans le noyau[1] des critères appartenant au registre de l'excellence individuelle, en tant qu'attribut ou qualité du manager, alors que dans la partie plus mobile de la représentation apparaît la dimension interpersonnelle de l'exercice de l'autorité, celle qui évoque plus directement la relation, le management et le développement personnel du collaborateur.

---

1. Obtenue en croisant le rang et la fréquence.

L'excellence individuelle

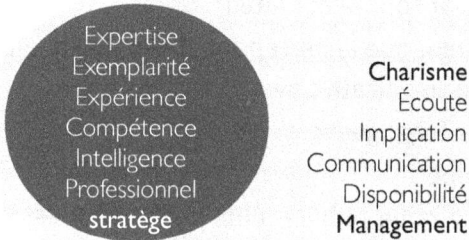

Expertise
Exemplarité
Expérience   Charisme
Compétence   Écoute
Intelligence   Implication
Professionnel   Communication
stratège   Disponibilité
                                  Management

L'engagement interpersonnel

Cartographie de la « légitimité du manager »

Dans la zone périphérique, on trouve le vocabulaire « moderne » du management ; le charisme y est en bonne place, évoquant l'attente d'un manager avec sa dimension identificatoire ou, en tous les cas, susceptible de bousculer les manières de faire et d'avoir des pratiques hors du commun ; un manager qu'on a envie de suivre pour des raisons plus affectives que rationnelles. Suivent les modalités d'une relation réellement investie et engagée, d'un manager préoccupé, intéressé par la personne même du collaborateur.

Dans le cœur de la représentation cette fois, le manager légitime est surtout un professionnel qui s'appuie sur son expertise, son expérience, son intelligence et qui doit montrer l'exemple. La notion de compétence, très large car regroupant une série de savoir-faire, doit être précisée par des études de cas approfondies.

Par ailleurs, il est très important de relever l'absence totale de critères liés au statut, au titre ou encore au diplôme.

Des critères indépendants du manager comme leviers de sa légitimité ?

Parmi les variables issues de l'organisation (donc indépendantes du manager) qui peuvent influer sur l'autorité, nous avons voulu tester une hypothèse, issue de la *théorie de l'échange managérial* (ou LMX

Theory), qui concerne les liens entre des conditions qui permettent une forme de proximité dans la dyade managériale et la perception de légitimité du manager par son collaborateur.

Nos résultats montrent que la perception de légitimité du manager est corrélée de manière significative avec :

- la fréquence des échanges[1] ;
- la taille de l'équipe[2].

Plus l'équipe est de taille réduite, plus le manager est perçu comme légitime. L'importance du nombre de subordonnés constituerait donc un obstacle au développement d'un échange de grande qualité, mais aussi à la reconnaissance de l'autorité du manager par ses jeunes collaborateurs. D'autre part, il semble y avoir également un lien entre la fréquence des échanges et le degré de légitimité perçu.

Alors, le manager est-il légitime ? Des résultats mitigés

Près de 53 % des répondants de l'enquête pensent que leur manager est légitime ; 22 % lui refusent ce qualificatif ; ce qui étonne, c'est le fort pourcentage de non-réponses ou d'indécis. Est-ce à dire qu'une proportion importante de subordonnés reste à « convaincre » ?

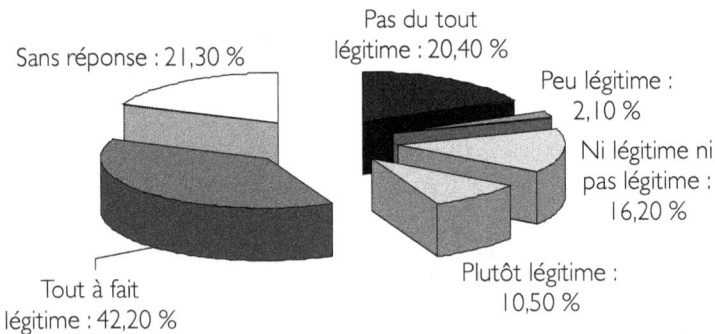

Sans réponse : 21,30 %
Pas du tout légitime : 20,40 %
Peu légitime : 2,10 %
Ni légitime ni pas légitime : 16,20 %
Plutôt légitime : 10,50 %
Tout à fait légitime : 42,20 %

« Au regard de ces critères, vous diriez qu'à vos yeux votre manager est... »

---

1. Significative à 0,01.
2. Significative à 0,05.

Du côté de la confiance accordée, on retrouve pratiquement la même proportion de réponses positives (56 % environ). Ici aussi, du point de vue de la gestion des ressources humaines, on ne peut se contenter d'un tel taux de satisfaction.

Par ailleurs, on note que le degré de confiance et la perception de légitimité sont corrélés positivement.

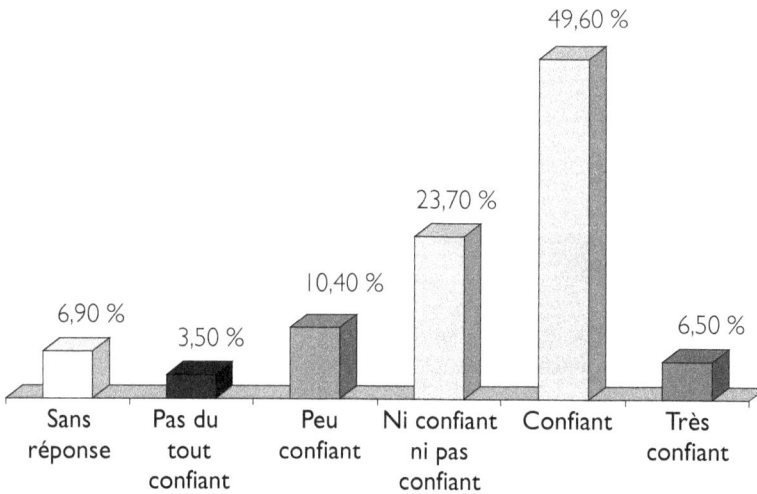

« De façon générale, quel est votre degré de confiance en la capacité d'un manager à répondre aux attentes de son collaborateur ? »

L'échange managérial plutôt que l'autorité autoritaire : le manager est-il responsable de la « réhabilitation » de l'autorité ?

Dernier grand enseignement tiré de l'exploitation de l'enquête : le portrait d'une autorité managériale vue comme un *échange*. Et, plus intéressant encore, c'est le vécu de la relation managériale qui serait directement responsable de cette représentation.

L'exploitation de deux items permet d'arriver à ce constat.

*Premier item. À la question : « Votre manager ou d'autres avant lui ont-ils fait évoluer votre représentation de l'autorité ? »,
la réponse est clairement positive.*

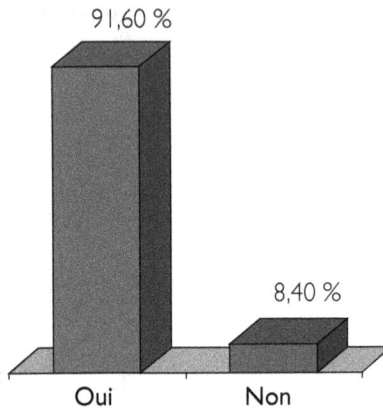

**« Votre manager ou d'autres avant lui ont-ils fait évoluer
votre représentation de l'autorité ? »**

Ce que les réponses de ces jeunes diplômés traduisent, c'est la confrontation en complet décalage entre une représentation préalable de l'autorité managériale provenant de leur éducation (école ou famille) et la réalité de la relation managériale expérimentée lors des premières années de travail. En quoi et pourquoi les représentations de l'autorité sont-elles modifiées par ces premières relations d'autorité dans l'entreprise ?

*Second item. Une analyse qualitative fait apparaître six grandes thématiques, telles que le montre le tableau suivant.
Pratiquement toutes ces thématiques, à l'exception d'une seule, sont positives.*

« Si votre manager ou d'autres avant lui ont fait évoluer votre représentation de l'autorité, précisez sur quel point notamment. »

Nature de la représentation	Contenu actuel de la représentation (= ce que j'ai appris au contact de l'autorité de mon ou de mes managers)	Illustrations
Négative	Les abus d'autorité existent (aussi) dans le cadre du travail	« L'autorité, à partir d'un certain niveau, permet d'affirmer n'importe quoi, vrai ou faux, et de réécrire l'histoire d'un événement. C'est, en d'autres mots, le phénomène : "On ne discute pas." » « Les abus d'autorité de certains sont une chose que je déteste et qui m'ont fait réfléchir sur le peu d'autorité que j'exerce. »
	Il existe une alternative à l'autorité strictement statutaire	« L'autorité n'est pas forcément synonyme de donneur d'ordre. » « Il est possible d'avoir de l'autorité sans asservir ses collaborateurs. »
	De l'importance d'apprendre à se positionner par rapport à l'autorité	« Je pense avoir une vision de moins en moins forte de l'autorité au fur et à mesure de mon expérience, je pense lui donner spontanément moins de poids et ne plus hésiter à entretenir des rapports de force avec mon manager. Je pense également demander à celui-ci de prouver désormais la légitimité de son autorité. » « J'ai compris que, quel que soit le niveau hiérarchique du supérieur, il faut être capable, dans l'entreprise, de défendre son point de vue et de contester l'"autorité" lorsque l'on pense que c'est bénéfique à l'entreprise. Au bout du compte, personne ne peut vous en tenir rigueur durablement, en particulier si vous avez raison. »
Positive	L'autorité efficace est « implicite », « subtile », « chaude »	« L'autorité ne doit pas nécessairement être visible pour être efficace. » « L'autorité, c'est savoir faire une action par une autre personne, sans avoir à monter le ton ou à user de moyens de répression. » « Ils m'ont montré comment exercer l'autorité "en douceur". »
	Elle peut se faire sur un mode « donnant-donnant », ou « gagnant-gagnant »	« Ce que je retiens de mon manager, c'est sa manière de faire passer des ordres en sollicitations avantageuses pour toutes les parties. » « J'ai expérimenté une autorité qui m'obligeait à me dépasser. » « Un pouvoir sur son subordonné ne peut être pérenne que si le responsable hiérarchique s'oblige par là même et est redevable à son subordonné [d'une évaluation de son travail, d'un pilotage clair de sa commande, de la facilitation de son apprentissage]. »
	Le manager est celui qui montre l'exemple	« Le manager est celui qui motive le travail de l'équipe en y participant, pas en supervisant de loin. » « J'ai besoin de crédibilité et de montrer l'exemple pour pouvoir exercer une quelconque autorité sur autrui. »

En somme, l'enquête donne à voir des jeunes presque étonnés d'expérimenter un mode aussi égalitaire et constructif de l'exercice de l'autorité. Cette dimension de la relation d'encadrement comme un échange ne dépossède en rien le manager de son rôle. Simplement, le jeune collaborateur y est reconnu et valorisé.

Le rôle du manager apparaît ainsi comme de plus en plus important dans la formation des représentations, et donc des attentes d'autorité. Cette place du manager dans les référentiels liés à l'autorité était déjà confirmée par les premiers résultats. Le manager jouerait bien un rôle dans l'activation des modèles. L'enquête a permis d'ailleurs de recueillir des *situations critiques* où l'autorité se construit ou se déconstruit[1].

En négatif, sont évoquées des thématiques comme :

- l'autoritarisme

> *On fait ça parce que je l'ai décidé et que je suis le manager !*
> *Il m'a balancé mon compte rendu à la figure en me disant : « C'est n'importe quoi, débrouille-toi ! »*
> *Il m'a dit, le poing sur la table : « Ce n'est pas comme ça que l'on s'adresse à quelqu'un de mon niveau ! »*

- la menace, le dénigrement : le collaborateur rabaissé et humilié

> *La remise en cause d'un collaborateur devant toute l'équipe.*
> *La remise en question de mes propos devant un client.*
> *Quand un manager annonce : « On a peut-être fait une erreur de casting avec toi ! »*

- les interventions inadéquates

> *Mon manager décroche le téléphone en plein entretien d'évaluation, lequel avait été repoussé à deux reprises jusqu'à tomber pendant mes congés.*
> *« C'est nul ! », puis « C'est génial ! », sur la qualité d'une mission en l'espace de trois semaines.*

---

1. En réponse à la question : *« Quel est le geste/la phrase/l'attitude le plus marquant de la part d'un manager que vous ayez vécu ? »*

Présentons maintenant ce que les jeunes cadres retiennent en matière de situation critique positive :

* La solidarité managériale ou le manager absorbeur de chocs

  Lors d'une réunion, mon manager a remis à sa place un autre responsable qui tentait de m'attaquer sur le plan personnel, en lui rappelant simplement les limites de son autorité et l'importance de demeurer factuel.

* Les ordres positifs et une forme de communication « subtile »

  J'ai particulièrement relevé sa manière de répondre avec des questions pour orienter de façon douce.

* Les « gestes symboliques » qui expriment reconnaissance, confiance et soutien

  Mon chef a choisi de quitter son bureau, de le donner à nos assistantes pour intégrer notre open space afin de retrouver une atmosphère adaptée à notre métier commercial. Il a su laisser de côté son privilège pour que notre environnement soit nettement moins bruyant.

* L'incitation aux responsabilités

  En tant que stagiaire de 22 ans, me voir confier la responsabilité des appels clients lors du congé estival de mon patron a été une marque très sensible de confiance que je ne suis pas prête d'oublier.

L'autorité du manager : un objet difficile à saisir

Chez nos jeunes diplômés, la représentation sociale de l'autorité juxtapose une approche formelle, statutaire de l'autorité et des thématiques plus modernes, comme en témoignent les références au « management » et au « leadership ». Pour en apprendre plus, il faut maintenant recourir à des approches qualitatives qui intègrent la réalité de l'environnement dans lequel travaille chaque collaborateur (c'est ce que propose le chapitre suivant).

À ce stade, retenons les points suivants :

- d'abord, il ne semble pas que nous soyons en présence de modèles d'autorité particulièrement nouveaux, dans la mesure où les figures d'autorité mobilisées par les jeunes diplômés font apparaître les modèles traditionnels que sont les parents, le professeur ou le patron. Le manager est donc (toujours) en bonne place pour jouer un rôle d'autorité auprès de cette population, dans la mesure où il est reconnu comme figure et comme personne d'autorité ;

- dans la pratique de la relation d'encadrement telle qu'elle a été vécue en début de carrière, les jeunes diplômés affirment très nettement que le manager, et donc l'expérience de la relation d'encadrement, a fait bouger leur représentation de l'autorité. Ils illustrent ce point d'exemples qui sont en majorité positifs ;

- pour autant, on s'aperçoit que le manager ne bénéficie pas d'un énorme crédit de légitimité et de confiance ; cela peut paraître paradoxal quand on considère le rôle d'autorité qui lui semble accordé ;

- enfin, la fréquence des contacts et la taille de l'équipe semblent constituer des variables organisationnelles à l'appui de l'autorité du manager. Autrement dit, **moins il y a de contacts et plus la taille de l'équipe est grande, plus l'autorité du manager est menacée**.

Sans doute la manière de se représenter l'autorité du manager avant de l'expérimenter réellement emprunte-t-elle davantage à une approche « sévère » et autoritaire de la hiérarchie. On constate que l'arrivée dans l'entreprise modère très vite cet *a priori*, et le manager est en partie responsable de cette modification positive de la représentation.

Cela ne signifie pas pour autant que, concernant les fondements mêmes de sa légitimité, c'est-à-dire ce à quoi se réfèrent les jeunes subordonnés pour obéir, tout soit acquis au manager, bien au contraire.

S'il compte toujours comme figure d'autorité, un certain nombre d'exigences ou d'attentes fortes semblent néanmoins exister, comme en témoigne le très relatif succès des critères de légitimité ou de confiance à son égard.

D'autre part, les contenus qui légitiment l'autorité restent à préciser : qu'y a-t-il derrière les notions de compétence et de management qui font du manager un « professionnel » ? Sans doute des éléments différents des sources traditionnelles de l'autorité, comme l'ancienneté, le parcours professionnel ou le diplôme, mais cela reste à confirmer en empruntant d'autres méthodes d'investigation. C'est l'objet du chapitre suivant.

Chapitre 4

Les attentes d'autorité des jeunes collaborateurs

« La seule chose qui importe, c'est la manière dont l'individu est en fait vu par ses sujets. »

Richard Sennett

Toujours sur la piste de ce qui alimente l'autorité d'un manager dans le regard du jeune collaborateur, nous présentons maintenant des travaux plus qualitatifs qui font parler longuement de jeunes cadres sur leurs attentes d'autorité, sur la base de leur expérience toute « fraîche » de la relation d'encadrement (moins de quatre ans).

■ LES JEUNES DIPLÔMÉS EN SSII SONT-ILS MARQUEURS D'UN « NOUVEAU » RAPPORT À L'AUTORITÉ ?

Nous avons interrogé des jeunes en SSII[1] et ce, pour deux raisons principales :

- avec ses modes d'organisation en projet, des équipes évoluant temporairement chez le client, souvent à distance du manager, la SSII peut être considérée comme l'archétype de l'organisation dite « postmoderne » : soit complexe et flexible, avec une hiérarchie *a priori* moins visible que dans les entreprises plus traditionnelles ;

---

1. Des sociétés de services en ingénierie informatique de tailles très différentes ont servi de support à cette étude.

- malgré un creux lié à l'éclatement de la bulle Internet, ces entreprises ont recommencé à recruter en nombre depuis 2005 des jeunes fortement qualifiés. Parce que leurs besoins sont plus importants que l'offre disponible sur le marché, elles se livrent à une concurrence féroce pour attirer et fidéliser ces jeunes, quitte à se lancer parfois dans de véritables actions commando, pour aller débaucher chez les autres les effectifs qui leur manquent.

Dans ces conditions, l'enjeu de l'établissement d'une relation managériale de qualité avec un collaborateur « précieux » prend tout son sens. Dans la mesure où le jeune collaborateur se retrouve dans une position de force par rapport au marché de l'emploi, il est à peu près certain que les motifs qu'il trouve à obéir à son manager n'ont rien à voir avec la menace de perdre son travail. De quoi nous ont parlé ces jeunes collaborateurs ?

L'autorité, certainement pas !

Au moment d'évoquer leurs aspirations en matière d'encadrement dans leur contexte[1], il n'est pas question de parler d'autorité pour caractériser la relation managériale telle qu'ils la vivent et ce, pour deux raisons principales.

D'abord, parce que l'autorité évoque des manières autoritaires d'exercer le pouvoir.

> *Pour moi l'autorité, je l'entends plutôt comme l'autorité militaire, par exemple.*
>
> *L'autorité, ce serait : « Il faut que ça marche parce que la personne l'a décidé, sans avoir son mot à dire. »*
>
> *Je suis un grand amateur de BD et, dans la BD, le chef est souvent caricaturé. Quand on est jeune, on ne connaît pas trop le milieu professionnel et « chef », ça veut tout dire et rien dire à la fois ; il aurait une sorte de grand pouvoir à l'intérieur de la boîte. Décider*

---

1. Ils sont d'abord invités à décrire leur cursus, puis leur intégration et leur parcours dans l'entreprise et, enfin, à présenter leur environnement de travail actuel avec ses différents enjeux.

> *du droit de vie ou de mort de chaque employé, c'est peut-être l'image qu'on s'en fait quand on est jeune.*
> *L'autorité, c'est la sanction, le reproche, enfoncer la personne ; tout l'aspect négatif.*
> *Je pense que la relation d'encadrement est un échange ; en quoi l'autorité peut-elle jouer dans tout ça ?*

Ensuite, c'est le type d'entreprise dans laquelle ils sont qui paraît incompatible avec cette vision « autoritaire » du management.

> *Non, je ne pense pas qu'on puisse s'amuser à jouer des jeux comme ça ici, car on a tous les mêmes statuts, on est cadres. Donc, si on commence à jouer un jeu de relation « chef, petit chef » et à commander, ça se passera mal. Enfin, de mon point de vue...*
> *Dans le contexte où on est, comme c'est une ambiance assez cool, chacun a sa place, il n'y a pas de hiérarchie. Enfin, ça se fait de manière naturelle. L'autorité peut servir quand les gens ne sont pas responsables peut-être...*
> *Non, non, non. Là, concrètement, il n'y a pas d'autorité. D'ailleurs, il y a assez peu de leviers. Ce n'est pas mon manager direct qui va pouvoir décider de mon augmentation. [...] L'autorité n'a pas lieu d'être dans ce type d'organisation. Ça doit être pas mal lié au type de population qu'il y a dans l'entreprise. Par exemple, un manager peut très bien être moins expérimenté que son collaborateur qu'il est censé gérer. Donc, il n'aura pas de légitimité au niveau tech-nique, au niveau des compétences ; il va juste être là pour faire de l'administratif. Mais c'est particulier à notre organisation, où on a des ressources, des consultants assez autonomes.*

Ainsi à la question : *« Pour vous, la relation d'encadrement est-elle une relation d'autorité ? »*, pratiquement tous répondent d'abord par la négative, même si, par la suite, ils nuancent leur position en exprimant ce qu'ils voient comme légitimant l'autorité dans les attributs et les interventions de leur manager.

Effectivement, nous explorons donc les attentes d'autorité en utilisant le mot de « légitimité », plus « acceptable » et plus neutre : *« Qu'est-ce qui fait, à vos yeux, la légitimité d'un manager dans votre contexte de travail ? »*

Les attentes d'autorité : juste une liste de fonctions !

Dans les attentes d'autorité les plus explicites, on trouve l'image d'un manager « en actes ».

Les critères de légitimité plébiscités traduisent le besoin d'un manager qui remplit « ses » fonctions. Qu'y a-t-il alors dans ces fonctions-là[1] ? *Exit* les critères classiques de « statut », de « titre » ou de « compétence technique » ; ils ne font plus du tout recette. La figure suivante résume les principales attentes d'intervention du manager dans ces environnements.

Permettre au collaborateur de se repérer dans l'offre de trajectoire professionnelle et l'accompagner dans ses choix d'orientation

Orientation

Proximité

Connaître et comprendre le travail réalisé par le collaborateur

Explication

Missions

Passer du temps à donner des explications sur les enjeux des projets ; les relier aux enjeux organisationnels

Passerelle

Réaliser l'interface entre le collaborateur et le reste de l'entreprise

Trouver les missions intéressantes pour alimenter le portefeuille de compétences des collaborateurs

Les principaux critères de légitimité du manager attribués par les jeunes cadres en SSII

Au premier rang de ces critères, on trouve la **proximité du manager**. Étonnant pour des jeunes très qualifiés et qui évoluent dans une organisation qui fait la part belle à l'autonomie.

Il faut qu'il soit capable de comprendre vraiment ce que l'on fait et qu'il prenne le temps de le faire. Ce n'est pas du contrôle. Il s'agit de

---

1. Renseigne l'idée de « compétence » présente dans les résultats de l'enquête en ligne.

lui faire comprendre : « J'ai fait ça et il faut vraiment que tu sois conscient de ce que cela représente. »

Ils sont en même temps conscients que cette proximité managériale peut constituer un, voire LE levier de fidélisation.

Il est le garant du fait que je ne m'en aille pas du jour au lendemain. Là, par exemple, je peux vous le dire, mais il faut que ça reste confidentiel : l'année dernière, j'ai eu plusieurs fois le chant des sirènes d'autres prestataires avec qui on travaillait puisqu'on est trois ici. À ce moment-là, c'est son rôle de détecter ce genre de choses et de voir pourquoi je voudrais quitter l'entreprise. S'il n'y avait pas ce management de proximité, je ne dis pas que je serais resté, mais ça joue aussi énormément.

À première vue donc, la relation d'encadrement se réduirait à un « échange fonctionnel » ; tout se passe comme si le jeune cadre évaluait l'autorité de son manager à travers tout ce qu'il fait pour lui. *« Peu sexy »*, ont évalué les managers de ces collaborateurs à qui ces résultats ont été présentés, eux qui rêvaient de charisme...

Ne perdons pas de vue cependant que l'image qui se dégage est très exigeante et s'apparenterait presque à celle d'un **manager imprésario** : parce qu'il endosse de plus en plus un rôle d'expert autrefois dévolu aux spécialistes des directions des ressources humaines (orientation, détection des besoins en formation, gestion de la carrière), le manager légitime est celui qui garantit le développement de l'employabilité de son collaborateur[1] : il doit l'aider à prendre les bonnes décisions professionnelles, à se repérer et à se projeter dans les trajectoires professionnelles possibles, lui trouver les missions qui le feront grandir, le mettre dans la lumière aux moments opportuns. La barre est déjà haute !

Et ce n'est pas tout. En plus d'une « capacité à faire » (dans le sens de l'employabilité du jeune), le manager est aussi attendu sur une « capacité à être », c'est-à-dire qu'il doit faire preuve d'une certaine attitude, que nous avons regroupée sous la rubrique « exemplarité ».

---

1. De son « poulain », serait-on tenté de dire.

Le manager exemplaire :

- est présent dans les moments difficiles ;
- est un « tampon », un « absorbeur des mécontentements » : il filtre la pression ;
- est capable de recadrer, voire éduquer le client.

> *Le manager fait plutôt « éponge » quand le client est un peu trop exigeant. Chaque fois que j'ai vu mon manager recadrer un client, il gagnait des points vis-à-vis de moi. C'est sûr.*

Ces attentes illustrent la fonction protectrice et sécurisante de l'autorité en focalisant sur la capacité du manager à maintenir les différentes parties prenantes de la situation de travail soit, ici, le client et le prestataire, dans une « juste relation », lui-même faisant office de tampon ou d'intermédiaire. Certains collaborateurs vont jusqu'à parler de « solidarité », en rêvant que la relation d'encadrement offre un front solide face aux aléas extérieurs. C'est aussi à cette aune que l'autorité du manager sera évaluée.

Nous venons de décliner un premier niveau d'attentes d'autorité qui, toutes, ont à voir avec le manager lui-même, sa façon d'être et d'agir dans le cadre de la relation managériale, sa manière d'endosser l'autorité statutaire ; finalement... son style de leadership ! Personne ne sera donc surpris que la reconnaissance de l'autorité managériale par le jeune collaborateur passe par ce crible de l'évaluation du leadership mis en œuvre.

En revanche, les sources auxquelles s'alimente tout autant l'autorité managériale, et que nous présentons maintenant, sont bien plus rarement mobilisées.

L'autorité permise ou minée par l'organisation : comment le manager pèse-t-il réellement ?

Parmi les autres thématiques apportées par les jeunes cadres, on trouve çà et là l'idée qu'ils ne seraient pas dupes de l'impact de l'entreprise elle-même sur l'autorité de leur manager. En effet, ils perçoivent **aussi** cette autorité, pourtant individuelle et interindividuelle à l'origine, à travers un certain nombre de « signes » que l'entreprise diffuse, intentionnellement ou non en direction de la fonction managériale. Ces deux témoignages résument assez bien cette source de reconnaissance de l'autorité, grande absente de la littérature managériale :

> *L'autorité de mon manager n'est pas liée à ses capacités à lui, **mais au crédit qui lui est donné par l'entreprise**.*
>
> *Moi, ce que j'attends de mon manager, c'est surtout qu'il reste à sa place. Si je compte bien, en quatre ans, j'ai eu 6 ou 7 managers !*

On peut donc repérer quels sont les signes ou signaux d'autorité donnés par l'entreprise en direction de la fonction managériale (ou ceux qui l'incarnent) et qui ont un impact sur la perception d'autorité que s'en fait le jeune collaborateur. Certains de ces signaux sont perçus comme positifs et « supporters » de l'autorité managériale, d'autres sont présentés comme ayant un effet réellement délégitimant sur le manager.

Les facteurs « délégitimants »

* Un historique d'instabilité de la fonction managériale

> *Le plus grand reproche que je peux faire, c'est ce turnover des managers. Quand vous avez des entretiens annuels où vous jouez votre salaire, votre statut, vos promotions et que vous découvrez une personne que vous n'avez jamais vue, pour lui vous êtes une feuille que d'autres ont remplie… C'est difficile d'établir le dialogue et de se dire que quand vous aurez défini des objectifs, un an après ce sera avec une autre personne que vous les jugerez.*

* Les conditions d'exercice du rôle managérial (taille des équipes essentiellement)

> *Je pense que le problème, c'est que les managers supervisent trop de monde, donc on est des numéros. Ils ne sont pas au courant de l'activité des uns et des autres.*
>
> *De toute façon, c'est simple ; il y a des coûts qui étaient importants au niveau administratif et autres, et ils ont divisé par deux l'effectif. Donc, les managers sont passés d'une cinquantaine de personnes à*

gérer à 80 personnes. Ça devient alors du « n'importe quoi ». Bon, ils doivent avoir les mains liées à leur niveau, mais pour nous, en contact, c'est odieux.

- Les leviers de décision réels (augmentations individuelles, gestion de la carrière...)

   Je me souviens, j'avais un collègue dont le manager était là depuis trois mois, lequel devait, après les entretiens annuels, annoncer à tous les hausses de salaires – ou pas –, alors qu'il était tout jeune manager et qu'il n'avait pas fait lui-même les entretiens. Il devait juste faire part de la décision. Je me demande quelle utilité cela-a-t-il ? Quelle légitimité ?
   Mon manager s'était engagé sur une augmentation, c'était sûr. Au final, j'ai compris qu'il avait été déjugé par les gens au-dessus de lui ; c'est évident que son autorité en a pris un coup à mes yeux ; en fait, il n'aurait pas dû promettre.

Les facteurs « légitimants »

- Organisation et proximité physique du manager

   Il y a deux ans, on se plaignait de voir très peu notre manager. L'année dernière, la direction a décidé de faire place à un « management de proximité ». Je dirais que ce dernier organi-gramme me paraît plus cohérent car, maintenant, mon manager est en même temps mon chef de projet et son équipe ne dépasse pas 10 personnes. Mon critère, c'est de pouvoir avoir des contacts régu-liers avec mon manager. Cet organigramme a du sens en termes de proximité.

- Visibilité d'une véritable communauté managériale qui questionne ses pratiques et élabore ses propres outils

   Le management a réalisé qu'ils avaient été mauvais sur la gestion du personnel ; il y a eu une vague de démissions importante et ils se sont rendu compte qu'ils n'étaient pas assez à l'écoute. C'est là qu'ils se sont vus et ont mis en place l'outil X pour favoriser plus d'échanges. En tout cas, c'est ce que j'ai compris et j'ai bien apprécié.

Ces illustrations démontrent que l'entreprise est bien partie prenante de la représentation d'autorité qui s'installe chez ses collaborateurs, dans une mesure dont elle n'est d'ailleurs sûrement pas consciente…

L'autorité managériale est aussi chez le collaborateur : les sources personnelles d'autorité

Même si la littérature managériale a souvent négligé cette dimension, on aurait tort d'oublier ici la part personnelle du collaborateur dans l'appréhension de l'autorité de son manager. En effet, **celui-ci n'a pas attendu l'entreprise pour vivre des relations d'autorité.** Rien d'étonnant alors à ce qu'au cours des entretiens surgissent de nombreuses références à des expériences d'autorité vécues en dehors du monde du travail et qui, inévitablement, ont un impact sur la manière toute personnelle d'aborder le manager et ce qu'il incarne.

> *L'autorité, la vraie, est peut-être un peu plus au-dessus ; au niveau des directeurs d'agence. Je pense que ce sont des figures d'autorité que j'ai en moi-même. Cela vient de mon éducation assez stricte. Je ne vais pas dire « militaire » car mon père était militaire, mais autoritaire, respectueuse des valeurs.*
> *J'étais quelqu'un de plutôt respectueux. Je pense aussi que ça, c'est l'éducation qui nous l'apporte. Je ne suis pas du genre, quand on me fait une remarque, à me rebeller.*

À travers les différentes histoires de la relation d'encadrement, les jeunes collaborateurs parlent aussi, mais plus implicitement, des ressorts éminemment affectifs de l'autorité. On se doute bien que la manière dont chacun perçoit la force en d'autres sans s'inquiéter du contenu de leur perception[1] obéit à des motifs qui ont aussi trait à une histoire personnelle avec l'autorité et ses figures. La synthèse que chaque collaborateur s'est constitué de cette histoire avec l'autorité le conduit à appréhender cette dernière en entreprise de deux manières :

- avec confiance et une certaine spontanéité

---

1. Richard Sennett, *Autorité*, Fayard, 1981.

La hiérarchie, je dirais qu'on vit avec, en sachant qu'elle est là mais sans s'en rendre compte au quotidien.

Ça dépend de ce qu'on appelle « autorité », mais pour nous, là-haut, quand le manager nous demande de faire quelque chose, on le fait. Par contre, si on pense que ce n'est pas une bonne idée, on lui en parle. Si après mûres réflexions, on se rend compte qu'il ne faut pas le faire, on ne le fait pas ; s'il faut le faire, on le fait.

- ou avec une certaine défiance ou méfiance

Notre manager est là uniquement quand on a un problème. Il sait nous taper dessus, mais en dehors, il est inexistant. [...] De toute façon, les managers du dessus, excepté quand il y a une réunion annuelle de groupe, on ne les voit jamais.

Moi, j'ai tendance à ne pas être très sûr de moi. J'ai appris à me méfier, je suis quelqu'un au départ d'assez naïf, qui fait confiance facilement aux gens. Maintenant, j'essaie de prendre du recul, de me demander : « Quel intérêt cette personne a-t-elle à me dire cela ? » C'est terrible parce qu'on en devient calculateur. Je trouve ça dingue, mais on est obligés de fonctionner comme ça. Pourquoi cette personne me dit-elle cela ? Pour me motiver ?

Dans le cadre flexible et complexe de la SSII, il semble que les collaborateurs qui ont acquis au plus profond d'eux-mêmes la conviction qu'ils vont rencontrer sur leur chemin des managers sur lesquels ils pourront compter pourront mieux profiter des opportunités offertes par l'entreprise...

(Nous n'irons pas plus loin à ce stade dans l'exploration de cette dimension qui demande au préalable une présentation détaillée d'une grille de lecture théorique sur les « modèles internes d'autorité ». Nous y consacrons les deux chapitres suivants.)

Récapitulons ce que nous avons appris des différentes sources qui alimentent l'autorité managériale.

▪ L'AUTORITÉ CONTEMPORAINE DU MANAGER : UNE PIÈCE, TROIS ACTEURS

Où les jeunes collaborateurs puisent-ils leurs motifs à obéir ? Quand on les interroge sur ce qui fonde l'autorité de leur manager, on obtient des réponses que l'on peut classer en trois grandes familles, de la plus explicite à la moins consciente.

Des attentes de leadership : la part du manager

Avec le contexte de la SSII, mais aussi à travers le contexte plus large de nos répondants en ligne, nous avons d'abord décrit des **attentes qui dépendent du manager** et de sa manière d'interagir avec son collaborateur.

On pourrait d'ailleurs considérer l'attente de compétence et l'attente d'exemplarité comme les bases du *« pacte managérial contemporain*[1] *»* :

- l'une traduisant la dimension fonctionnelle mais tournée vers le développement personnel et professionnel du collaborateur, autrement dit l'autorité dans sa dimension de croissance : « un manager de l'employabilité » en somme ;
- l'autre permettant au collaborateur de se sentir suffisamment sécurisé ou protégé par une attitude quotidienne *ad hoc* du manager, afin de « grandir » dans une relative sérénité.

Cela confirme une tendance générationnelle plus générale : la **dimension utilitaire et personnalisée** des fondements de la légitimité du manager. On comprend mieux alors l'exigence de proximité managériale, variable qui ne dépend pas que du manager.

---

1. Pour reprendre l'expression utilisée par les auteurs de *Pourquoi j'irais manager ?*, Éric Albert *et al.*, *op. cit.*

Une fonction managériale « légitimée » : la part de l'organisation

Ving-cinq ans de travaux[1] ont vérifié qu'il existait une relation entre la qualité de l'échange managérial et de multiples résultats comme la performance, l'engagement, la capacité au changement, la satisfaction, le climat social... Mais cela suppose des petites équipes, une relation dans la durée, des conditions que les nouvelles formes d'organisation négligent aujourd'hui en prétextant que les jeunes n'attendent qu'une chose : l'autonomie.

Une des grandes leçons de cette étude est de montrer des jeunes qui exercent un regard critique et qui ne sont pas dupes des conditions qui sont faites à leur manager ; parfois, ils vont même jusqu'à l'excuser de ne pas être en capacité de jouer pleinement son rôle à cause de raisons liées à l'entreprise et son organisation.

Le résultat pour la légitimité managériale, et même pour l'image d'autorité de l'entreprise tout entière, est de toute façon désastreux. Le point de vue des jeunes collaborateurs nous rappelle donc d'être vigilants sur cette dimension en allant, pourquoi pas, débusquer toutes les poches ou sources potentielles de délégitimation de la fonction managériale.

Des attentes liées aux modèles psychologiques : la part du collaborateur

L'accent sur le sacro-saint « leadership » peut faire oublier qu'avant d'être affectée à une position de commandement, une personne est, avant tout, enchevêtrée dans des relations où elle est en situation de « *followership* », subordonnée à un « N +1 », ou encore dépendante d'une autre personne. Cette dépendance est même ce qui caractérise les toutes premières relations à l'autre qu'elle a vécues.

La reconnaissance de l'autorité managériale passe donc également par le crible de ces *théories implicites* que chacun s'est forgé, en synthèse des différentes expériences de relations qu'il a eues avec des personnes d'autorité. Le manager et ses interventions sont donc inter-

---

1. VDL, LMX Theory... Voir la synthèse de Graen et Uhl-Bien (1995).

prétés à la lueur d'*a priori* ou présupposés (positifs, négatifs ou incertains) sur ce que la relation d'autorité peut lui apporter. Négliger cette source-là chargerait injustement le manager d'un poids qu'il n'a pas à porter.

En résumé…

Nous proposons donc de considérer que les modèles d'autorité avec lesquels les subordonnés abordent la relation d'encadrement sont constitués de deux « forces » principales :

- l'une, issue de la situation de travail, autrement dit des conditions **situationnelles** de l'exercice de l'autorité (niveau organisationnel et relationnel), donc des sources « externes » au collaborateur. C'est la raison pour laquelle il est important d'aborder la question de l'autorité dans le contexte précis où elle s'exerce ;
- l'autre, issue de modèles psychologiques, donc personnels, caractérisant un mode de relation spécifique à l'autorité (niveau individuel).

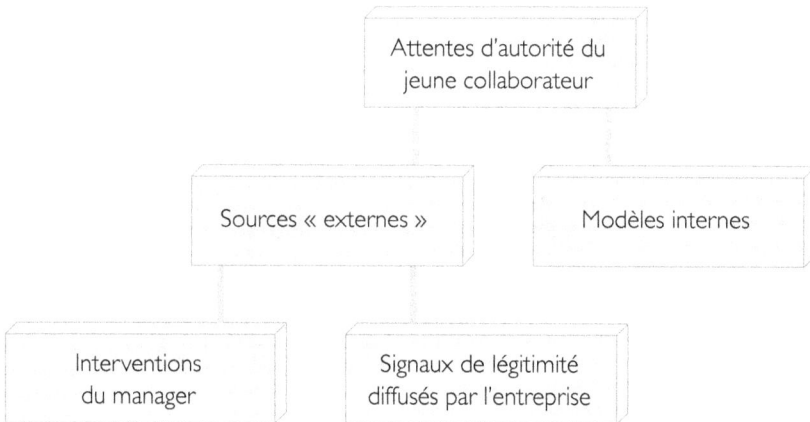

Les différentes sources d'alimentation de l'autorité managériale

Parce que les « expériences d'autorité » sont fondatrices à la fois de l'identité individuelle et également du lien social, elles ont nécessairement un impact sur la manière de « voir » un collaborateur et sur « la bonne façon » de s'y prendre en situation d'autorité managériale. De la même manière, le collaborateur « adhère » ou « obéit » en mobilisant ses propres synthèses cognitives et affectives quant à son rapport à l'autorité. La relation managériale se présente donc comme la confrontation de deux modèles et s'inscrit aussi dans un système d'autorité lié à l'organisation elle-même.

Dans le cadre de la « dyade managériale », manager et managé ont donc à mettre en œuvre les conditions pour rendre opérante une relation définie formellement par le cadre hiérarchique. On s'en doute, la manière dont chacun va interpréter (ou rejouer) l'autorité tient à de nombreux facteurs, qui vont du plus conscient et explicite au plus affectif et inconscient.

■ L'INTERACTION D'AUTORITÉ OU COMMENT L'AUTORITÉ S'ACTUALISE

Dans la relation d'encadrement, les acteurs vivent une « interaction d'autorité ». Jacques Pain et Alain Vulbeau la définissent comme *« un rapport de négociation ou d'arrangement entre deux personnes de statut distinct [...], où la personne détentrice de l'autorité doit "compléter" sa légitimité originelle par une série de comportements qui montrent sa capacité d'adaptation*[1] *».* Dans ce schéma interactif, précisent les auteurs, la question de la légitimité se pose surtout **à la sortie de la séquence d'interaction** : « *Comment s'est engagée l'autorité ? Comment a-t-elle joué ? Comment l'autorité a-t-elle accru son champ de crédibilité, en bref comment s'est-elle actualisée ?*[2] »

Les modèles externes comme internes sont en permanence confrontés à l'expérimentation constituée par l'interaction d'autorité (ou relation d'encadrement), à l'issue de laquelle le collaborateur en tire des inter-

---

1. Jacques Pain, Alain Vulbeau, « L'autorisation ou les mouvements de l'autorité », *Autrement*, n° 198, 2000, p. 124.
2. *Ibid*.

prétations et des conclusions qui viennent alimenter ses jugements de légitimité sur le manager ainsi que ses croyances sur ce qu'il peut attendre d'une telle relation.

La **reconnaissance de l'autorité managériale** par le collaborateur se présente donc comme une lecture faite par la personne « subordonnée » qui **teste en permanence la solidité du manager, et en particulier dans les situations difficiles**. C'est la raison pour laquelle il est souvent très instructif de faire raconter aux collaborateurs des situations managériales qui, à leurs yeux, ont été significatives. Cette méthode dite des « incidents critiques » permet à la fois d'accéder aux attentes et aux modèles d'autorité du collaborateur, et en même temps de comprendre comment ces modèles s'alimentent de manière dynamique (se renforcent ou sont remis en cause).

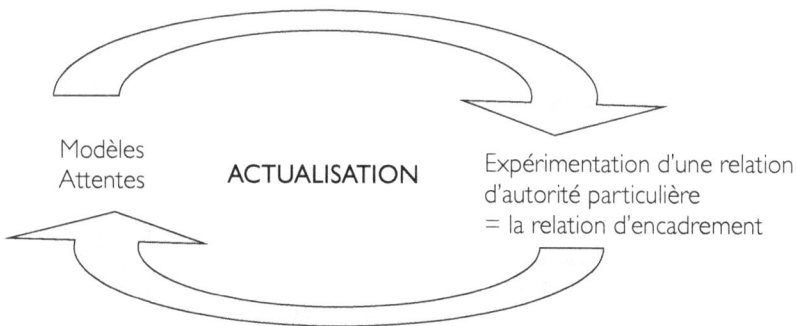

Modèles
Attentes   **ACTUALISATION**   Expérimentation d'une relation
                                                 d'autorité particulière
                                                 = la relation d'encadrement

Processus d'actualisation des modèles d'autorité

Cette approche est particulièrement utile pour accéder aux sources personnelles ou « internes » d'autorité que nous approfondissons maintenant.

Parce que la « paire de lunettes » que nous proposons de chausser est très peu connue du monde de l'entreprise, nous y consacrons les deux chapitres suivants.

Chapitre 5

Autorité et attachement : les « modèles internes »

« Un homme ne peut se développer qu'en se tissant avec un autre. »
Boris Cyrulnik, *Les Vilains Petits Canards*

Si l'autorité du manager est évaluée à partir de ses interventions (son leadership), mais aussi en fonction du degré d'appui dont il bénéficie (ou non) de la part de l'entreprise, il serait impensable d'oublier que l'autorité managériale est d'abord, et avant tout, appréhendée à partir d'un filtre tout personnel, propre au collaborateur lui-même.

Tenter d'ouvrir cette boîte noire là peut, *a priori*, paraître ambitieux, voire dangereux. Cette prise de conscience qui s'offre ici n'est pourtant qu'un pas de plus dans le projet d'un management plus lucide, car averti des dimensions inconscientes et subjectives qui, inévitablement, irriguent la relation d'encadrement. De plus, ce projet est loin d'être nouveau.

◼ LES PROCESSUS « INTERNES » D'AUTORISATION DANS LA DYADE MANAGÉRIALE

La psychanalyse a proposé depuis longtemps d'envisager l'autorité comme un ressort psychique de la vie groupale et interpersonnelle. Pour Lobrot, l'autorité est une *« généralisation affective[1] »* avec une

---

1. Michel Lobrot, *Pour ou contre l'autorité*, Gauthier-Villars, 1973.

fonction psychologique de suppression de la crainte et de l'angoisse. Elle permet de lutter contre la menace d'abandon[1] ou contre la peur de perdre l'amour[2].

L'identification projective au cœur du processus d'autorisation

Pour les socioanalystes[3], comme pour les psychodynamiciens du leadership[4], dans la relation interpersonnelle manager/managé, le processus inconscient à l'œuvre est celui de l'« *identification projective*[5] ». En projetant sur son chef une partie de lui-même (positive ou négative), le subordonné s'identifie à lui. On dit que le chef « *introjecte*[6] » ce qui est projeté sur lui et devient alors un bon objet (source de gratifications) ou un mauvais objet (source de frustrations)[7]. Un des apports fondamentaux de Bion[8] est justement d'avoir élaboré l'hypothèse de dépendance par rapport au leader avec un leader introjectant les tendances positives et idéalisantes des membres de l'équipe (bon objet) et un second, ou « N - 1 », voué à un rôle de mauvais objet, c'est-à-dire récupérant toutes les tendances négatives et agressives. Ce processus permet, selon Bion et Jaques, de lutter contre l'« *anxiété originelle*[9] ».

---

1. Germaine Guex, *Le Syndrome d'abandon*, 2ᵉ édition PUF, 1973.
2. John Bowlby, *Attachment and Loss*, Penguin Books, 1969.
3. Les chercheurs anglais, fondateurs du Tavistock Institute, ont élaboré la première théorie de psychanalyse organisationnelle (voir Gilles Arnaud, *Psychanalyse et organisation*, Armand Colin, 2004).
4. Courant américain de psychanalyse organisationnelle émergeant dans les années 60 (voir Gilles Arnaud, *Psychanalyse et organisation, op. cit.*).
5. « Résultat de la projection de parties de soi dans un objet. Elle peut aboutir à ce que l'objet soit perçu comme ayant acquis des caractéristiques de la partie du soi projetée en lui, mais elle peut aussi conduire le soi à s'identifier avec l'objet de sa projection. » Source : Hanna Segal, Introduction à l'œuvre de Mélanie Klein, PUF, 1969, p. 125-128.
6. Introjection : incorporation symbolique d'objets extérieurs aimés ou détestés.
7. Nous ne pensons pas nécessaire de développer ici tout l'apport conceptuel d'Eliott Jaques aux travaux de Freud, sur la base des concepts de Mélanie Klein (voir Gilles Arnaud, *Psychanalyse et organisation, op. cit.*).
8. Wilfred Ruprecht Bion, « Experiences in Groups », *Human Relations*, 1, 1948, p. 314-320.
9. Voir Mélanie Klein ou les nombreuses synthèses qui ont été faites de ses travaux.

Le « couple managérial »

Krantz se centre sur le « couple managérial », qui a finalement été assez peu étudié par les théoriciens du management. Il insiste sur le lien d'interdépendance entre le manager et son collaborateur, lien chargé émotionnellement[1]. Pour lui, le couple managérial devient un levier d'expression de processus profondément archétypiques. Il est intrigué par la manière dont ce couple arrive à « tenir ». Sa posture rejoint celle des autres socioanalystes : les subordonnés revivent souvent, avec leurs supérieurs, les expériences émotionnelles vécues avec leurs parents. Nous avons rappelé comment l'identification projective permettait au manager comme au « managé » de nier doutes et anxiété pour les projeter sur l'autre. Ainsi, le receveur peut, sous stress, rejouer cette part projetée comme si elle était à lui, en absorbant les sentiments et les comportements associés. *« Donc on peut rejeter, craindre ou aimer une part de soi qui est allée se loger chez un autre, comme si c'était un attribut de cet autre. Dans les formes douces, l'identification projective peut promouvoir de l'empathie, de la sensibilité et de la compréhension chez les partenaires. Mais quand cela atteint la relation avec beaucoup d'intensité, les effets peuvent être désastreux pour la collaboration et les individus se sentent diminués[2]. »* Ainsi, dans la vision d'une relation d'encadrement comme lieu de support projectif, les fondements inconscients de cette relation peuvent être l'occasion de développement et de créativité, tout comme ils peuvent donner naissance à la destruction et au détachement. Krantz préconise donc une structure où les rôles sont clairement définis et fournit un modèle permettant au couple managérial d'évaluer sa collaboration[3].

© Groupe Eyrolles

---

1. James Krantz, « The Managerial Couple : Superior-subordinate Relationships as a Unit of Analysis », *Human Resource Management*, vol. 28, number 2, p. 161-175, 1989.
2. *Ibid.*, p. 167.
3. *Ibid.*, p. 174.

Les modèles transférentiels de Michael Maccoby

Maccoby[1] propose une lecture de la relation managériale en tant que lieu de transfert, au sens psychanalytique du terme. La grille de lecture offre trois modes de transferts :

- un transfert paternel : présent dans les configurations d'entreprises traditionnelles. Le collaborateur voit dans son manager un père, qui a l'expérience et le savoir, le cadre et le protège. Cela donne un subordonné respectueux de l'autorité hiérarchique ;
- un transfert maternel : plus archaïque que le précédent, lié aux premiers temps de la vie, dans le rapport à la mère. Si celle-ci a « aimé inconditionnellement » son enfant, celui-ci, devenu adulte, pourra développer une représentation du manager comme empathique à son égard ;
- un transfert fraternel : issu de la rivalité fraternelle, ce type de transfert génère opposition, critique ou ambivalence à l'égard du manager.

Ces approches, si elles ne sont pas dénuées d'intérêt, ont l'inconvénient d'être difficilement actionnables par ceux qui managent au quotidien. C'est la raison pour laquelle nous voudrions maintenant contribuer à mettre en lumière une grille de lecture de l'autorité des plus prometteuses, pourtant quasiment inconnue du monde managérial.

Elle nous vient de la théorie de l'attachement, elle-même issue de la psychologie du développement et de l'éthologie ; son fondateur est le pédiatre et psychanalyste anglais John Bowlby (1907-1990).

■ LA THÉORIE DE L'ATTACHEMENT : DES PRÉSUPPOSÉS POUR ABORDER TOUTES LES RELATIONS

Pour Bowlby, l'attachement[2] correspond à un besoin primaire, tout aussi important que les besoins alimentaires : pour grandir et se déve-

---

1. Michael Maccoby, « The Power of Transference », *Harvard Business Review*, septembre 2004.
2. En référence à l'agrippement chez les primates.

lopper, le petit d'homme doit pouvoir explorer le monde tout en étant assuré de trouver, chez sa figure d'attachement, une *base de sécurité* qui lui procure soutien et réconfort. C'est ainsi que l'être humain développe son autonomie et ses compétences propres. Il cherche *« le tranquillisant naturel et le stimulant exploratoire dont il aura besoin pour équilibrer sa vie émotionnelle[1] »*. C'est le sentiment de sécurité éprouvé et répété, véritable *ressource interne,* qui le rend suffisamment fort pour continuer cette exploration confiante et poursuivre ses apprentissages.

La théorie de l'attachement postule que le premier lien qu'expérimente un tout petit enfant ancre chez lui une représentation ou « modèle » de ce qu'est une relation et de ce qu'il peut en attendre. À partir des interactions qu'il entretient avec ses premières figures d'autorité, des expériences quotidiennes de soins et d'attention – qu'il reçoit ou non –, il se forge à la fois un modèle ou une idée de lui-même (« modèle de soi ») et un modèle ou une représentation de l'autre (« modèle de l'autre »).

Le **modèle de soi** contient une représentation de soi-même comme étant plus ou moins digne d'être aimé. Le **modèle de l'autre** correspond aux types de réponses que l'on s'attend à trouver chez autrui en réponse à ses propres besoins, c'est-à-dire une réponse positive donnée par quelqu'un d'accessible et de disponible ou, au contraire, un accueil peu ou pas du tout sensible aux besoins exprimés. Ces représentations de soi et de l'autre, ainsi que les croyances qui leur correspondent, constituent ce que les théoriciens appellent : des *modèles opératoires internes (« internal working models[2] »)* ou *« modèles internes d'autorité[3] »*. **Ils influencent considérablement la manière dont un individu se perçoit, perçoit les autres et se conduit dans ses relations interpersonnelles.**

Dans l'idéal, un enfant se construit un modèle flexible et sécurisant, et il passe son temps à vérifier, à travers toutes sortes de relations, qu'une figure de soutien protectrice sera disponible en cas de besoin. C'est ainsi qu'il développe une vision « sécurisée » et positive du lien en

---

1.   Boris Cyrulnik, *Les Vilains Petits Canards*, Odile Jacob, 2001.
2.   Kenneth J. W. Craik, *The Nature of Explanation*, Cambridge University Press, 1943.
3.   Kahn et Kram (1994).

général, et qu'il gagne en autonomie et en confiance personnelle. Mais en fonction des types de réponses de la figure d'attachement, d'autres représentations moins sécurisées peuvent survenir. Mary Ainsworth a poursuivi le travail de Bowlby en mettant en évidence trois profils d'attachement.

On vient de le voir, une mère disponible et répondant aux besoins de son enfant a toutes les chances de développer chez lui un **profil d'attachement sécurisé** (*secure*), où il aura le sentiment d'être digne d'amour et aura confiance dans ses compétences. Cette sécurité ressentie facilite l'expérience de relations sociales épanouies. Les enfants ainsi « sécurisés » deviennent des adultes qui vivent des relations en ayant confiance dans l'autre et sa réceptivité, et qui se perçoivent eux-mêmes comme dignes d'être aimés. Armés de cette estime d'eux-mêmes, ils sont empathiques et disposent d'une bonne capacité d'autorégulation de leurs émotions ; ils vivent la relation comme un véritable échange.

En revanche, il arrive que la figure d'attachement ne soit pas en mesure de répondre aux besoins de l'enfant. L'expérience de ce manque peut alors forger chez lui un modèle interne avec l'idée qu'il ne mérite pas d'être aimé ou accepté et que son parent est quelqu'un d'insensible, ignorant ses besoins ou cherchant à les contrôler, voire à les diminuer. Cet **attachement dit « insécurisé[1] »** se manifeste dans deux styles :

- l'attachement anxieux ambivalent résistant[2] ;
- l'attachement anxieux évitant.

Le **profil ambivalent résistant** provient de réponses variables et incertaines de la part des figures d'attachement. Pendant leur petite enfance, ces enfants ont donc utilisé l'exploration pour attirer l'attention et l'approbation d'autrui, autrement dit pour répondre à leurs besoins d'attachement non satisfaits. Ils sont d'ailleurs décrits comme

---

1. Les cliniciens francophones préfèrent souvent garder le vocable anglo-saxon de *secure* (ou *unsecure*) pour mieux rendre compte de la fonction de base de la sécurité assurée par la figure d'attachement.
2. Des études interculturelles montrent que, dans différents pays, environ 65 % des enfants de la population générale présentent un attachement de type « sécurisé » ; 21 % un attachement « insécurisé évitant » ; et 14 % un profil « insécurisé ambivalent ». Source : « Attachement et pratiques éducatives parentales », Inserm, rapport collectif, août 2009.

« préoccupés » par l'attachement, en ce sens qu'ils ont peur d'être rejetés. Leur stratégie pour lutter contre ce sentiment consiste souvent à *s'agripper* à l'autre qui, lui, bien souvent, n'aura qu'une envie, celle de fuir, confirmant par là pour celui qui veut s'accrocher à tout prix qu'il n'est décidément pas digne du lien et qu'il a toutes les raisons de craindre le rejet ! Ceux qui expérimentent ce type de lien manquent généralement d'estime d'eux-mêmes. Seule l'expression de leur détresse leur paraît porteuse d'espoir d'une rescousse[1].

Le **profil évitant** correspond à l'expérience infantile de l'absence totale de disponibilité et de réponses aux besoins de la part des figures d'attachement. Les adultes évitants sont caractérisés par la croyance qu'ils ne peuvent compter que sur eux-mêmes. Ils préfèrent souvent travailler seuls et ont tendance à s'ennuyer et à se montrer distants dans la relation. C'est leur manière de composer par rapport à la représentation d'un parent incapable d'apporter du soutien et du réconfort à l'enfant en développement. En réaction, ils se sont construits un mode défensif basé sur cette « autosuffisance » ainsi qu'une certaine forme de froideur, voire d'hostilité parfois, dans les relations avec leurs pairs. Cela leur permet d'expérimenter en retour la solidité de leur système de croyances fondé sur l'absence totale de confiance dans l'aide des autres.

Qu'ils soient de type sécurisé ou non, les modèles internes fonctionnent comme tout système de croyances : par autorenforcement. La puissance de l'ancrage des représentations constitué lors des premières années de la vie et les comportements d'attachement associés (c'est-à-dire comment l'individu recherche ou non du soutien) conduisent la personne à renforcer ses modèles plutôt qu'à les remettre en question. Mais, bien qu'à l'origine Bowlby postulât pour une certaine permanence des modèles tout au long de la vie, la plupart de ses successeurs ont montré que les formes d'attachement sont variables en fonction des personnes avec lesquelles on est en relation ; de même que les styles eux-mêmes peuvent varier en fonction du cycle de vie et d'expériences relationnelles significatives.

---

1. Boris Cyrulnik, *Les Vilains Petits Canards*, op. cit.

On a également découvert qu'il pouvait y avoir une transmission inter-générationnelle des styles d'attachement. L'état de la recherche sur l'attachement a en outre montré l'impact des modèles internes sur la relation amoureuse.

Ainsi, donc, la plupart des travaux mettent en évidence des corrélations entre les attitudes parentales et le type d'attachement, attachement qui influence la manière de vivre les relations interpersonnelles. Qu'en est-il alors du lien qui se tisse dans l'entreprise avec les personnes en charge d'autorité, autrement dit les managers ?

■ MODÈLES D'AUTORITÉ ET RELATION MANAGÉRIALE

Deux psychosociologues américains, William Kahn et Kathy Kram, furent parmi les premiers à proposer, en 1994, d'utiliser la théorie de l'attachement pour mieux comprendre le lien qui s'établit dans la dyade managériale, autrement dit dans la relation interpersonnelle entre un manager et un collaborateur. Depuis, de très nombreux travaux ont suivi au sein du courant des *théories implicites du leadership*. Cette approche vise à regarder le monde du point de vue de celui qui est dirigé afin de répondre à la question : comment un collaborateur (*follower*) reconnaît-il de l'autorité à celui qui le dirige ? Ou, selon l'expression de Kahn et Kram, comment l'*autorise*-t-il à jouer son rôle finalement ?

Déclinons avec eux la manière toute spécifique dont chaque collaborateur aborde la relation managériale – et donc son manager –, à partir de ses propres modèles internes d'autorité. En reprenant les types d'attachement établis par Bowlby, Kahn et Kram définissent trois positions par rapport à la nature de l'autorité : dépendante (attachement ambivalent résistant), contre-dépendante (attachement évitant) et interdépendante (attachement sécurisé). Ces trois positions s'illustrent concrètement par toute une série de présupposés et d'attentes concernant l'autorité managériale, ainsi que de véritables stratégies de comportement à travers lesquelles chaque collaborateur renforce les croyances liées à son propre modèle interne (voir tableau ci-contre).

	Position interdépendante	Position contre-dépendante	Position dépendante
Position par rapport à la nature de l'autorité	Met en avant l'interdépendance des personnes occupant des positions variées dans la hiérarchie, reconnaissant à la fois la personne et la dimension de son rôle.	Diminue ou rejette les rôles hiérarchiques liés au supérieur et au subordonné.	Insiste sur les positions hiérarchiques du supérieur et du subordonné dont les relations sont gouvernées par les règles liées à l'organisation formelle.
Présupposés	L'autorité est un processus d'échange (« collaborative process »). Les différentes positions hiérarchiques offrent des perspectives variées, de valeurs égales et complémentaires. L'autorité et la dimension personnelle sont liées ; l'une sans l'autre est suspecte.	L'autorité en soi n'a qu'une importance minime. L'autorité est suspecte, dans la mesure où elle gêne l'expression personnelle. On peut faire confiance aux données non liées au rôle.	L'autorité en elle-même est d'une importance primordiale. Les relations sont structurées en fonction des règles de la hiérarchie. Les dimensions personnelles sont suspectes, dans la mesure où elles viennent amoindrir les relations d'autorité.
Type d'attachement (Bowlby)	Profil « assuré ». Confiant dans les relations d'autorité où les autres sont disponibles, apportant des réponses et de l'aide. Démarche intrépide pour explorer le monde. Sens simultané des connexions et de l'indépendance.	Profil « anxieux évitant ». Aucune confiance dans l'aide des autres ; espère le rejet. Cherche à être autonome sur le plan émotionnel ; se retire des relations d'autorité.	Profil « anxieux, ambivalent/résistant ». Peu certain que les autres vont être disponibles, vont répondre et être aidants. Tend à s'accrocher à des relations d'autorité, anxieux à l'idée d'explorer le monde.
Stratégie opératoire	Met l'accent sur la personne dans son rôle au sein des relations hiérarchiques. Participe à l'émergence de pensées et de sentiments personnels au sein des interactions d'autorité. Reconnaît la part personnelle et celle liée au rôle (pour soi et pour les autres). Met en avant en même temps la dépendance et l'indépendance.	Rejette les différences de statut ; dénie l'importance de la hiérarchie. Se rebelle contre l'autorité (la sienne, celle des autres) en confrontation ou en retrait. Nie la dépendance (pour soi et vis-à-vis des autres). Cherche à pousser les autres, ainsi que lui-même, en dehors des relations prescrites par les rôles.	Insiste sur la hiérarchie et les différences de statut. Insiste sur la dépendance le long des structures hiérarchiques (pour soi et pour les autres). Idéalise l'autorité et ses représentants (pour soi et pour les autres). Dénie l'importance des pensées et des sentiments personnels.

D'après Kahn et Kram, 1994

Le modèle sécurisé du collaborateur interdépendant : la relation managériale vécue comme un échange

Le profil d'attachement sécurisé de l'interdépendant l'amène à considérer qu'il peut avoir confiance dans l'autre et que ce dernier va être disponible. Le collaborateur interdépendant arrive dans l'entreprise en s'attendant à ce que son manager fasse preuve d'écoute et de soutien à son égard. Il ne doute pas que les évaluations qui lui seront faites reconnaîtront sa performance de manière positive et sa valeur en tant que collaborateur, ce qui correspond à l'image qu'il a de lui d'ailleurs. Pour toutes ces raisons, l'interdépendant se représente le lien avec son manager comme un véritable échange dont les modalités sont plutôt tacites et basées sur la confiance.

> *On est sous l'autorité d'un chef, que ce soit agréable ou non. Mais je pense que ça marche à la confiance, c'est tout le temps une question de confiance car notre supérieur technique n'a pas l'expertise technique pour évaluer le temps que va nous prendre une tâche ; lui aussi, il est obligé de nous faire confiance. Donc, je vois plutôt cela comme un dialogue, un échange.*

Dans sa manière d'explorer et d'agir, le collaborateur interdépendant profite pleinement de l'accès rapide à l'information ; son mode relationnel sécurisé le conduit à communiquer avec tout le monde de manière spontanée et sans arrière-pensée négative, en somme à faire des demandes claires.

> *On échange tout le temps. J'ai remarqué qu'il ne faut pas rester trop longtemps dans le doute et patauger. Au bout d'une heure, si on n'arrive pas à résoudre un problème, il vaut mieux aller voir quelqu'un et lui demander de l'aide ; ce n'est pas mal vu de ne pas savoir faire quelque chose. [...] Il n'y a pas un point d'entrée unique pour la communication ; tout le monde doit écouter et tout le monde doit restituer.*

Pour l'interdépendant, les différentes positions hiérarchiques – y compris celle du client quand il est présent – offrent des perspectives diverses de valeurs égales et complémentaires.

> *Généralement, quand on a un problème, tout le monde discute ensemble : manager, client et nous pour trouver la meilleure solution. Je ne demande pas au manager d'avoir la solution miracle et de savoir tout faire. Il est surtout là pour exercer un rôle de conciliation et d'écoute, pour faire en sorte de nous amener, le client et nous, à trouver la solution la plus efficace, qui convienne le mieux au client.*

Dans la vision interdépendante de la relation, l'autorité portée par le manager est reconnue comme nécessaire, ce qui n'exclut aucunement la confrontation, la négociation et les demandes d'explication, bien au contraire.

> *La contrainte, on l'a souvent, mais ce n'est pas gênant si on comprend pourquoi il faut faire les choses. En revanche, si on me dit de faire quelque chose en urgence et que je ne comprends pas pourquoi il faut le faire, alors je ne le fais pas.*

Le modèle insécurisé du contre-dépendant : la relation managériale vécue comme une source de menaces

L'adulte « évitant », parce qu'il a en lui l'image d'une figure d'autorité absente et ne répondant pas à ses demandes, n'a généralement pas confiance en l'aide des autres ; pour le soutien, il préfère ne compter que sur lui-même.

Le mode contre-dépendant du collaborateur est facilement repérable, d'abord au nombre élevé de critiques qu'il formule contre le management de l'entreprise, la pauvreté des moyens mis à disposition, la lenteur des décisions, etc. Le discours, souvent imagé, est fréquemment teinté de pessimisme, de contestation, voire d'un certain cynisme.

C'est aussi un collaborateur qui nie, tout à fait explicitement, le rôle managérial. Ce n'est pas seulement la fonction de manager qui est rejetée, mais la hiérarchie en général (surtout la direction de l'entreprise) et, avec elle, les décisions ou les outils de gestion en tant qu'émanation de l'organisation hiérarchique.

Le manager, je n'en vois pas l'utilité et je n'en ai d'ailleurs jamais vu l'utilité. Dans les évaluations annuelles, on n'en a pas trop l'utilité non plus. C'est plus un prétexte pour raconter ce qu'on a vécu en fin d'année. Ce n'est pas le manager, sa personnalité en tant que telle que je remets en cause, mais plus le métier de manager.
Le manager finalement, pour moi, c'est plutôt une abstraction. Mais ça ne me gêne pas plus que ça. Il est là, il a le mérite d'exister.
Ici, on a plus l'impression que les gens qui décident ne sont pas ceux à qui on parle, comme dans toute bonne entreprise…

Dans les entretiens du contre-dépendant, on trouve beaucoup de contenus défensifs de type rationalisations ou généralisations, qui visent à justifier sa méfiance de l'autorité et sa prise de distance avec elle. L'objectif est surtout de ne pas s'attacher justement :

On reçoit de temps en temps des petits e-mails pour éventuellement rencontrer nos managers. Mais bon, c'est juste pour que les collaborateurs se fassent bien voir de la hiérarchie.

Le collaborateur doté de cette base d'attachement raconte des situations où le manager est paré d'intentions plutôt négatives, voire malveillantes :

Pendant deux jours, il a essayé de me faire comprendre que j'avais fait une bourde ; il n'était pas très content. Il m'a donné la solution, mais il a voulu "m'en faire manger" avant. J'ai vraiment passé deux mauvaises journées.
Ce que je déteste le plus, c'est quand un manager est manipulateur. Pourtant, ils le sont tous un peu. Le mien était très manipulateur, je vais vous donner des exemples typiques…

La mobilisation de ce modèle peut constituer un véritable handicap pour vivre la relation d'encadrement :

J'ai effectivement un manager qui manage. En fait, je ne parle pas spécialement avec lui ; ce n'est pas qu'on ne s'entend pas, c'est juste que je n'ai rien de spécial à lui dire. Lui ne vient pas spontanément me voir ; apparemment, il n'est pas très doué non plus pour aller vers les gens. Ce n'est pas un reproche que je lui fais, je suis comme ça aussi.

Le modèle insécurisé du dépendant : la relation managériale vécue comme une source d'anxiété et d'ambivalence

Le principal souci du collaborateur dépendant, c'est la crainte du rejet[1]. Comme il a intégré une représentation ambivalente de l'autre dans la relation (tantôt fiable, tantôt rejetant), il s'attend à un manager qui va être variable et incohérent dans ses réponses. Dans cette situation d'incertitude, il a tendance à s'accrocher (s'agripper) aux signes et aux représentants de l'autorité hiérarchique qu'il idéalise. Ses relations sont structurées en fonction des règles hiérarchiques.

> *C'est important de sanctionner quand il faut sanctionner. On est payé pour un boulot, on n'est pas là pour "déconner". Si on ne le fait pas, on aura une mauvaise note ; tant pis.*

Dans la relation d'encadrement, c'est un collaborateur « facile ». La peur du rejet et une faible confiance en soi le font rarement discuter l'autorité du manager :

> *Je ne suis pas quelqu'un qui cherche les conflits. Donc, je respecte l'autorité du manager, même si j'ai un ressenti négatif vis-à-vis de la personne ou vis-à-vis de ce qu'elle m'a dit : si elle a un titre de manager, je m'exécuterai.*

Le collaborateur « ambivalent », parce qu'il veut attirer l'attention de son manager, peut se lancer dans de nouveaux projets (exploration), avec le risque que le résultat ne soit pas apprécié comme il le souhaiterait, le reconnectant alors à sa vulnérabilité première[2]. Il craint souvent que sa performance soit dévaluée.

---

1. Mikulincer et Nachson, 1991.
2. Hazan et Shaver, 1990.

D'une certaine manière, l'installation de la confiance paraît difficile, justement parce que cela consisterait à laisser s'exprimer les personnalités des deux côtés de la relation, ce qui, pour le dépendant, est insécurisant.

> *Pour moi, un manager légitime, ce n'est pas possible, mais ce serait un manager qui laisse ses sentiments de côté. C'est une situation que tout le monde vit tous les jours en dehors du travail ; souvent, je considère que c'est compliqué pour un manager d'évaluer le travail de quelqu'un, surtout dans notre boulot. Parfois il compense par des préférences et ça, c'est dommage ; il n'y a pas moyen de faire autrement.*

En revanche, le modèle dépendant ne demande qu'à évoluer vers l'interdépendance et ce, grâce à la confrontation avec un nouveau mode d'exercice de l'autorité, celle mise en œuvre par le manager et dans la spécificité de la situation de travail.

> *Au départ, je me serais vraiment écrasé même si, au fond de moi, je pensais que j'avais raison ; j'ai assez souvent, dans ma vie scolaire ou personnelle, fait marche arrière ou n'ai pas défendu des choses en lesquelles je croyais… Je pense que j'ai toujours eu une certaine peur ou, du moins, un grand sentiment d'infériorité par rapport à l'autorité. J'ai des modèles, que j'ai l'impression de n'avoir jamais atteints.*
> *C'est peut-être ma façon de voir le système scolaire ou les professeurs ; je leur donnais un crédit… total. Après, c'est ma psychologie qui fait que je me suis senti inférieur, moins dans l'entreprise que dans ma vie tout court ; parce que j'ai eu la sensation, à un moment donné, de travailler avec des gens. J'ai alors pris contact avec la réalité de ce que je suis par rapport à mes compétences et, du coup, j'ai un peu perdu cette peur.*
> *Le travail m'a complètement changé ; il y a des expériences dans la vie d'un homme qui provoquent des changements fondamentaux. Quand je suis rentré dans l'entreprise, il y avait des gens qui venaient me voir, qui avaient pourtant des années d'expérience dans l'informatique, et qui me posaient des questions. Qu'est-ce*

© Groupe Eyrolles

que j'allais leur apprendre ? Je ne comprenais pas pourquoi ils venaient me voir et, finalement, c'est cette confrontation à moi-même, dans ce cadre de travail, qui m'a fait grandir. Et ces conditions m'ont vraiment fait évoluer. Le manager, à ce moment-là, a plus un rôle de psychologue.

▨ LES SITUATIONS QUI FONT OU DÉFONT L'AUTORITÉ MANAGÉRIALE

Les modèles internes du collaborateur sont donc en permanence activés dans le cadre de la relation avec le manager. Même si, comme on vient de l'illustrer, des relations positives avec des personnes significatives peuvent faire évoluer le modèle insécurisé vers un mode plus sécurisé, la plupart du temps, la personne va utiliser l'événement et la manière dont il est géré comme un « argument de plus » à l'appui de ses croyances.

Actualisation des modèles internes : le traitement des « accidents d'autorité »

Une autre manière d'aller à la rencontre des modèles d'autorité est d'étudier les souvenirs qu'ont les personnes de situations critiques dans la relation d'encadrement et d'analyser ce qu'elles en font (comment elles en parlent et ce qu'elles en concluent)[1]. On propose, par exemple, à des collaborateurs de se remémorer des situations négatives avec leur manager, des « couacs » ou accidents dans la relation managériale.

Pour les collaborateurs « sécurisés », les événements négatifs avec leurs supérieurs sont trop peu fréquents pour qu'ils s'en souviennent et, bien souvent, le souvenir de ces situations ne génère pas d'émotions négatives. C'est la raison pour laquelle ces situations ne s'installent pas de manière fixe dans la mémoire du collaborateur, comme si elles

---

1. Démarche utilisée par Annilee Game, par exemple.

étaient rapidement « soldées » en quelque sorte. Ce fonctionnement est cohérent avec la capacité de régulation émotionnelle qui fait la force des modèles sécurisés.

Pour les collaborateurs évitants ou contre-dépendants, il est beaucoup plus facile d'évoquer certains événements négatifs, même si ces personnes agissent activement pour réduire au maximum les interactions avec leur manager. Ainsi, ils décrivent les attitudes de rejet du superviseur, ou encore son incapacité à fournir la protection et le soutien nécessaires, qu'ils soient émotionnels ou plus pratiques. Par exemple, un collaborateur « évitant », préoccupé par une surcharge de travail qui touchait tout le service, affectant la santé et le moral des troupes, raconte qu'il a trouvé un responsable complètement démissionnaire quand il s'est tourné vers lui pour évoquer ce sujet. Effectivement, les « évitants » ont tendance à prêter à leur supérieur des mobiles de comportement négatifs : en général, les incidents sont dus à la personnalité, l'incompétence, voire l'intention délibérée de mal faire du manager !

J'ai eu deux entretiens de fin d'année avec lui. Lorsqu'il orientait la conversation, c'était affligeant ; il prenait des détours complètement « foireux » pour me faire parler de quelque chose dont je n'avais pas forcément envie de parler. En fait, je crois qu'il prenait des cours de communication et qu'il essayait de les mettre en pratique. Il me disait : « Tiens, tant qu'on parle de ça... » C'était très gros comme ficelle. C'était comme le nez au milieu de la figure, c'était risible. Il y a eu des moments où j'ai senti qu'il essayait de gruger et je ne me suis pas laissé faire.

J'ai reçu deux avertissements quant à mon comportement. Deux de suite... et il suffit d'une fois pour que ça remonte dans l'indicateur ; et c'est le « il suffit d'une fois » qui m'embête en réalité. Il suffit d'être un peu sanguin avec son ordinateur – « Oh, ça ne marche pas ! » –, de gueuler un peu fort pour que quelqu'un le remarque. Il suffit d'avoir la voix un peu tendue pour que ça se remarque. Il suffit que quelqu'un en parle, même par accident et, tout de suite, ça peut faire toute une histoire. Et ça peut remonter au manager...

Les collaborateurs anxieux ambivalents ou dépendants constituent le groupe qui a le moins de mal à faire la liste (souvent conséquente) des événements remémorés comme négatifs dans la relation hiérarchique. Le point commun de ces événements est l'attitude critique, méprisante ou interférente du manager vis-à-vis de la performance ou des opinions du collaborateur. Quand, par exemple, un manager critique un avis donné par son collaborateur, celui-ci ressent de la confusion entre deux types d'affect : d'un côté se blâmer lui-même, c'est-à-dire ressentir la culpabilité, voire la honte de s'être mal exprimé ; et, de l'autre, blâmer l'autre, le manager qui n'aurait rien compris au propos tenu. Mais quoi qu'il en soit, l'enjeu ici est affectif : celui de perdre de ce fait une certaine proximité dans la relation. Pour ces collaborateurs au modèle interne ambivalent, la conclusion de l'accident d'autorité consiste souvent à penser que le manager ne les valorise pas comme il le devrait. Ils restent « fixés » sur ces situations qui alimentent leur anxiété et passent du temps à les ruminer. Leur discours indique une très grande sensibilité aux événements interpersonnels qui menaceraient la proximité relationnelle ainsi qu'une mobilisation émotionnelle intense en réaction.

> *Mon premier entretien d'évaluation avec mon manager ne s'est pas très bien déroulé. Sur l'heure que nous avions à passer ensemble, il a dû passer 40 minutes au téléphone parce qu'il y avait une situation très chaude chez un certain client… On a dû discuter 20 minutes juste avant que je parte en congé de maternité. Bon ben… Tant pis, on se reverra à la rentrée !*
> *J'ai une autre petite anecdote qui m'a fait bien rire (jaune). Un mois avant que je rentre de ce congé de maternité, il me téléphone : « Comment vas-tu ? Es-tu prête à reprendre ? Tout va bien ? » Et puis il me dit : « Dis-moi honnêtement si ça ne te va pas ; j'ai une mission à Paris pour toi, dès ta reprise. Est-ce que ça te plairait ? » (Rires) Toute la semaine à Paris avec un deuxième enfant… (rires)[1]. J'ai répondu : « Non, ça ne me va pas. » (rires) Sur le coup, je ne vois pas quelle réponse il attendait de ma part (rires), excepté*

---

1. La personne habite à plus de 200 km de Paris.

« Non ! » Alors bon, après son coup de fil, je me suis demandé quel était l'objectif de sa proposition. J'imagine mal une mère avec son deuxième enfant de trois mois dire : « Je pars à Paris. » Ce qui m'a sciée, c'est qu'il me pose la question. Maintenant, c'est peut-être moi qui ai un problème…

▪ CONCLUSION : MODÈLES INTERNES D'AUTORITÉ ET *« FOLLOWERSHIP »*

Très tôt au cours de sa vie, l'individu se forge une idée de ce que les personnes en charge d'autorité peuvent lui apporter dans la relation. Il semble que ce « paquet de croyances » ait un véritable impact sur sa manière d'appréhender l'autorité de ses managers, et donc de *se situer* dans la relation managériale, comme nous avons pu l'illustrer.

Si sa base d'attachement est plutôt de type sécurisé, le collaborateur (ou *follower*) sera davantage enclin à attendre du manager des interventions positives et visant son propre développement en même temps que le bien de la collectivité. Si la base est insécurisée, le collaborateur sera souvent tenté d'interpréter toute tentative managériale de manière méfiante, voire négative, en cohérence avec son système de représentations. Ainsi, on peut faire correspondre un modèle interne à un mode de subordination (ou *followership*). De manière plus concrète, chaque collaborateur peut rendre explicite, grâce à cette grille de lecture sur l'attachement, sa manière préférée de collaborer (ou d'obéir).

C'est dans les situations critiques (quand le collaborateur attend une intervention managériale) que le manager, en tant que modèle d'autorité, joue et rejoue son capital de légitimité. La lecture de son intervention par le subordonné se fait à travers des attentes d'actes tout à fait explicites (cf. chapitre 4), mais aussi au crible de ses modèles internes qui, à chaque fois, s'*actualisent* (se renforcent ou évoluent).

Nous avons appelé « accidents d'autorité » les situations où la réponse du manager est perçue comme inadéquate par le collaborateur parce qu'elle ne correspond pas à ses attentes affectives.

À ce stade, que faire de ces constats pour la pratique quotidienne du management ? Notons que :

- d'un côté, le manager n'est pas responsable du paquet d'attentes d'autorité que l'on peut, sans hésiter, qualifier d'« affectives » portées par le collaborateur. Le sens commun managérial a beau fantasmer que le *leadership* du manager doit avoir raison de chaque type de collaborateur, on voit toute la limite de ce rêve de toute-puissance. Le mode contre-dépendant, quand il est enfin identifié chez un collaborateur, soulage plus d'un manager qui ne savait plus par quel moyen aborder ce subordonné rétif à toute forme d'autorité. Un poids en moins, donc, sur les épaules managériales ! C'est plutôt une bonne nouvelle en ces temps de légitimité chahutée ;

- pourtant, le manager en tant que modèle d'autorité exerce un rôle non négligeable dans l'activation des représentations positives ou négatives de l'autorité chez ses collaborateurs, comme l'ont illustré nos études quantitatives et qualitatives. Quand on s'aperçoit du poids des accidents d'autorité pour les collaborateurs insécurisés, il y aurait intérêt à ce que le manager lui-même ait l'occasion d'explorer ses propres modèles internes afin de se situer également comme leader avec son propre paquet de représentations de l'autorité. Il aurait ainsi l'occasion de « relire » ses propres pratiques et les effets qu'il croit percevoir dans ses équipes.

Le chapitre suivant est donc consacré à l'impact des modèles internes sur le style managérial.

Chapitre 6

Modèles internes d'autorité et styles de management

« L'autorité, c'est moins la qualité d'un homme
qu'une relation entre deux êtres. »

Maurice Barrès, *L'Ennemi des lois*

Maintenant que nous avons fait connaissance avec les modèles internes tels qu'ils s'expriment chez les personnes en situation de subordination, voyons comment ils se déclinent chez les managers et leur manière personnelle d'exercer l'autorité. Peut-on déceler les modèles internes à partir des modes de management ? Il semblerait que oui.

Voici la retranscription de trois histoires de managers. L'objectif est ici d'illustrer comment les bases d'attachement insécurisées ou non conduisent à une vision et à une pratique managériale particulières. Pour les besoins de la pédagogie des modèles, n'ont été reprises dans ces données que celles qui ont trait aux caractéristiques de chacun : dépendant, contre-dépendant, interdépendant, au risque d'une certaine caricature. Bien évidemment, le style managérial ne peut se réduire à cette seule grille de lecture.

▓ MANAGER À PARTIR D'UNE BASE DE DÉPENDANCE

Marie a 43 ans et travaille à la direction financière d'une grande entreprise de distribution. En dix-neuf ans de carrière, elle a connu

3 entreprises et 4 postes différents. Elle occupe aujourd'hui une fonction de direction et gère en direct une équipe de 9 personnes.

Pour elle, l'autorité correspond à « *quelqu'un qui donne la direction et qui impose ; quelqu'un que l'on DOIT suivre* ». Dans sa représentation, ce qui donne sa légitimité à un manager, c'est « *le fait qu'il soit au bon endroit car s'il est au bon endroit, c'est qu'il a les compétences nécessaires pour le poste et l'intelligence nécessaire pour le mener à bien* ».

En tant que collaboratrice

Quand Marie évoque[1] les managers qui l'ont marquée avant qu'elle n'ait à encadrer à son tour, elle parle d'elle comme d'un bon petit soldat qui ne disait jamais non à la charge de travail confiée et qui n'osait pas s'exprimer sur sa difficulté à remplir des missions complexes. Il fallait être à la hauteur, « *être en phase* », comme le répète Marie tout au long de son entretien.

Elle reste pleine d'ambivalence à l'égard de son premier manager qui la fascinait parce qu'il avait fait HEC, « *quelqu'un de très brillant* », mais qu'elle décrit en même temps comme « *un brillant fainéant, à la limite de l'honnêteté et qui tirait la couverture à lui* ». Le style de ce manager paralysait la jeune femme : « *Je n'arrivais pas à dire que j'avais du mal et donc chaque fois qu'il chargeait ma besace, je ne réagissais pas. Je ne savais pas ce qu'était un prospect, je ne savais pas ce qu'était un client ; je ne savais rien, et lui me demandait de valider le plan marketing. Ma tâche était immense et je n'étais pas armée pour l'accomplir... Comme c'est le manager, tu ne vas pas lui dire, parce que forcément il est meilleur que toi...* » Avec son paquet de représentations personnelles, Marie se laissait convaincre quand son manager lui disait qu'elle n'était « *pas au niveau* ». « *C'est vrai que je n'étais pas au niveau pour les choses sur lesquelles il m'attendait ; mais, en même temps, lui, globalement s'en sortait bien, sans trop travailler, alors que moi je me payais à 9 heures du soir un budget à boucler quand lui était déjà rentré chez*

---

1. Tout au long de l'entretien, sa voix s'enroue, gagnée par un certain nombre d'émotions.

lui. » Et Marie de conclure : « *C'était un peu violent, ça m'a fait avancer. Par contre, il aurait pu m'aider… Il ne m'a jamais aidée.* »

L'ambivalence continue avec le deuxième manager, tout l'opposé du premier : « *Mon deuxième manager, en prenant son poste, ne savait rien. Comme il venait de la trésorerie, il ne connaissait rien à sa nouvelle mission. Il a fallu qu'on lui apprenne tout. Du coup, il était très en écoute, très en dialogue, très en partage, très en soutien aussi ; que du bonheur dans la relation… Ça fait du bien de savoir qu'il y a plusieurs styles de management.* » Mais quand elle compare ces deux managers, elle reconnaît qu'elle préférait l'autorité du premier qui n'avait pas peur du conflit et qui était à la limite de l'autoritarisme dans sa manière de diriger, alors que le suivant « *passait beaucoup de temps à assurer ses arrières pour les éviter, cela faisait partie de ses faiblesses* ».

Aujourd'hui, dans son management quotidien

Marie dit parfois qu'elle ressent de l'impuissance devant un collaborateur rétif, et qu'elle a tendance à fuir le conflit : « *Je peux parfois avoir un sentiment d'impuissance parce que j'ai peur de ne pas trouver la bonne réponse… ou un peu d'abattement, de baisse d'énergie. Donc, j'essaie de ne pas aller trop loin. En même temps, à un moment donné, si ça coince et qu'il y a toute l'équipe qui regarde et estime : "Oh ! Elle [une personne de l'équipe] exagère, et elle pousse un peu le bouchon", je ne peux pas non plus ne rien dire. Mais je n'aime pas ça. Le recadrage, c'est compliqué pour moi… Certains de mes collègues y arrivent mieux parce qu'ils y mettent moins d'affectif, à mon avis. Donc, je pense aussi que c'est une question d'affectivité, d'émotivité… ou alors de légitimité entre guillemets, et eux ne se posent pas la question. Ils se disent : "J'ai raison et j'y vais." Peut-être que je doute plus, que j'hésite plus sur la démarche à adopter, ce qui fait que je peux avoir tendance à vouloir différer, pour réfléchir, savoir si je fais le bon choix.* »

Quand elle évoque ses échecs managériaux, Marie cite un licenciement qu'elle a eu du mal à assumer, suite à une série de décisions qu'elle ne s'est jamais résolue à prendre. Cette histoire est, somme toute, très banale dans le monde managérial. Voilà comment ça s'est déroulé…

Marie recrute un nouveau collaborateur sans enthousiasme, mais « *parce que c'était le plus convivial* ». Elle reconduit sa période d'essai de trois mois car le doute sur ses compétences s'installe. Cependant, elle confie qu'au bout de six mois : « *J'avais toujours un doute, mais je l'ai quand même confirmé.* » S'ensuit une liste de rationalisations pour justifier sa passivité vis-à-vis d'une prise de décision difficile : « *Je n'avais pas le courage de recommencer avec un autre. On avait du mal à sortir les chiffres. Je me disais : "Il faut que je lui laisse du temps, ça va s'arranger"… »*

Cela ne s'est évidemment pas arrangé, et la séparation est devenue la seule issue. Marie en a ressenti de la culpabilité : « *J'aurais dû plus le cadrer ou le recadrer, plus jouer mon rôle de manager en disant : "Là, ça ne va pas, etc." Pourquoi ne l'ai-je pas fait ? Je pense qu'il y a chez moi un peu de manque de confiance ou un manque d'affirmation qui fait que je suis toujours en train d'essayer d'éviter le sujet ou le conflit.* » La fuite s'exprime encore dans l'attitude de Marie, quand elle raconte : « *L'entretien de licenciement, on m'a forcée à le faire. Mon boss m'a dit : "Marie, si tu n'y vas pas, tu ne joues pas ton rôle de manager. Il faut que tu y ailles." »*

Quand on interroge Marie sur ses attentes relationnelles avec son N +1, elle revient souvent sur l'impérieuse nécessité d'« *être en phase* » : « *Ce qui est important pour moi, c'est d'être en phase ; si je ne suis pas en phase, je ne sais pas fonctionner.* » Pour Marie, cela signifie « *être sur le même registre que mon manager, être d'accord avec la stratégie ; j'attends que mon N +1 cautionne, qu'il valide* ». Marie fait très attention en « *l'informant des sujets qui pourraient être compliqués, ou qu'il ne pourrait pas comprendre en disant : "Pourquoi n'a-t-elle [Marie] pas fait ça ?"* » Marie met donc beaucoup d'énergie à rendre son comportement lisible, prévisible et surtout acceptable aux yeux de son N +1.

Des liens que Marie fait entre sa manière d'investir l'autorité aujourd'hui dans un cadre de travail et son enfance, elle dit qu'elle a adopté un contre-modèle. Elle décrit une autorité parentale plutôt absente : « *J'avais un père qui n'avait pas d'autorité, ou qui en avait, mais elle n'était pas forcément comprise ; une autorité un peu épidermique et pas vraiment sur la durée. Il faisait souvent le pitre en société, mais en même temps il n'avait pas, avec nous, un bon rapport d'autorité ; dès que ça devenait compliqué, il se "barrait" en courant. Et ma mère assurait très peu l'autorité. En fait, c'est ma grand-mère, la mère de mon père, qui dirigeait. Quand ma grand-mère avait décidé quelque chose, il ne fallait pas bouger ; elle régentait tout. Tout tournait autour d'elle, qui avait été veuve très tôt. »*

Enfant et adolescente, elle se décrit comme cherchant toujours à plaire avec, comme conséquence, une stratégie : ne pas montrer son désaccord ni demander de l'aide directement. *« Je pense que j'étais un peu trop sensible à un besoin de reconnaissance et je ne sais pas si c'est très bien, mais bon... Je pense que je n'ai pas eu beaucoup de soutien au sein de ma famille ; le soutien venait de mes amis ou la reconnaissance de mes résultats scolaires. J'aurais eu besoin, pour m'exprimer, de soutien, mais je ne l'ai pas cherché. En fait, je ne disais pas ce que je pensais parce que ça n'intéressait pas trop mes parents. Quant à ma grand-mère, elle n'écoutait pas. »*

Quand on la questionne sur les compétences managériales que cette base d'attachement lui a laissées, Marie pense assez vite au rôle de facilitateur ou de médiateur qu'elle affectionne. À force de se centrer sur les besoins des autres (au détriment des siens, certes), elle en a développé une intuition aiguë des signaux de malaise chez les autres, ce qui lui a déjà permis de sonner l'alerte quand un collaborateur ou un collègue n'allait pas bien. Par ailleurs, elle pense établir facilement des relations basées sur la confiance avec ses collaborateurs : *« C'est d'une telle sécurité de se dire : "Je sais que je peux compter sur elle." C'est agréable pour eux, c'est agréable pour moi au quotidien. »*

Qu'est-ce que Marie peut faire de cet entretien d'exploration de ses modèles d'autorité ? Spontanément, elle semble avoir compris l'importance, pour un profil comme elle, d'apprendre à faire des demandes car elle conclut : *« Si quelqu'un a envie de quelque chose, s'il ne le dit pas, personne ne va le dire à sa place. L'autorité permet aussi l'affirmation de soi et de faire en sorte que les autres répondent à nos désirs et nous rendent plus heureux. »*

À elle de trouver maintenant le chemin qui lui conviendra pour explorer cette piste vers l'interdépendance. La mi-vie professionnelle est certainement une période propice pour ce cheminement.

En résumé...

Le manager dépendant s'arrange avec l'organisation

- Il accorde d'emblée et de manière automatique de l'importance à l'autorité statutaire, au titre, voire aux diplômes.
- C'est un collaborateur « facile », obéissant, faisant du *reporting* sans qu'on le lui demande. Il vérifie très régulièrement qu'il répond bien à ce qu'on attend de lui.
- En tant que manager :
  - il a du mal à considérer qu'il est un bon manager. Il va plutôt s'autocritiquer que se trouver des points forts ;
  - il est victime d'une estime personnelle défaillante quand il s'agit d'affirmer une position ou de prendre une décision de sanction ;
  - il se représente le recadrage ou la directivité comme une agression vis-à-vis du collaborateur avec des risques pour la légitimité perçue et pour le maintien d'une relation conviviale avec ses équipes ;
  - il est très sensible aux situations de malaise exprimées par ses collaborateurs. Il est heureux d'y répondre et ce, de manière maternante car cela lui permet de garder une proximité avec eux (et de les garder dans une forme de dépendance).
- Il peut rester fixé sur une ou des situations managériales problématiques même anciennes, réactivant de l'anxiété, voire de la culpabilité.
- Il a expérimenté un soutien absent ou inadéquat de la part de ses figures d'attachement et un sentiment de détresse associé.
- Il s'investit émotionnellement dans la relation d'encadrement ; et l'évocation de cette relation est tout autant empreinte de manifestations d'émotions diverses (sauf la colère), ce qui peut parfois rendre son discours confus.

▓ MANAGER À PARTIR D'UNE BASE DE CONTRE-DÉPENDANCE

Pierre a 45 ans et est en charge du développement d'une nouvelle activité dans le domaine de la banque assurance. Il est ingénieur de formation et a également suivi un cursus en économie ; il a commencé à travailler en PME, puis dans le conseil. Dans la banque, c'est son huitième poste en quinze ans. Il dirige en direct une équipe de 12 personnes.

Pour lui, l'autorité se définit d'abord par ce qu'elle n'est pas. Il est impensable pour lui d'entendre quelque chose du genre : *« Je suis ton chef, et donc tu es asservi à ma bonne volonté. »* Elle n'est pas non plus définie par le nombre de personnes à gérer. D'emblée, il impose ses conditions. Pour accepter l'autorité de l'autre, il y a un préalable incontournable : *« Que la personne ne cherche pas à vouloir imposer une forme de pouvoir. »* Le pouvoir managérial est donc explicitement nié.

En tant que collaborateur

Pour Pierre, ce qui évoque la directivité, le contrôle ou l'autorité statutaire l'amène très vite à *« repréciser les choses »*, y compris à son propre N +1 et ce, de manière assez abrupte : *« Attends, ne te trompe pas, je vais te dire les choses, comme ça on sera clair. Je t'aime bien, je te respecte mais... je t'explique comment JE veux que ça marche ! »* Tout est présenté comme si c'était lui qui avait l'ascendant dans la relation managériale avec son N +1 avec, en outre, l'impératif qu'on lui laisse beaucoup d'autonomie, pour ne pas dire une indépendance totale : *« Il faut qu'on me fasse confiance, qu'on me donne les moyens. Je n'ai pas besoin d'être traqué, je déteste ça. Si on me marque à la culotte et qu'on me met la laisse, je me débats. C'est ce qui se passe en ce moment avec mon directeur, je pense qu'il l'a compris. Je lui ai dit : "Attention, adapte ton management, sinon je saurai te le rappeler gentiment, Michel"... que j'apprécie par ailleurs. »* On l'aura compris, ce type de collaborateur peut donner du fil à retordre au management de l'entreprise car ses exigences peuvent mettre en échec les modes de fonctionnement assez standardisés des grandes organisations.

Aujourd'hui, dans son management quotidien

Quand on l'interroge sur son métier de manager, Pierre s'attache d'abord à préciser – si nous ne l'avions pas encore compris – : *« Je suis dominant et pas dominé… Pour être dirigeant, il faut être dominant. »*

Pierre semble exercer un management qui parie sur l'autonomie de l'autre : *« Moi, je prends des points clés et je dis à mon collaborateur : "Voilà, tu as ça à faire ; tu as trois points verrouillés, après tu t'organises pour le faire. Et, à l'intérieur de ça, les gens sont autonomes. »*

En même temps, et cela peut paraître paradoxal, le management qu'il met en œuvre est très directif, voire autoritaire : *« S'il y a un collaborateur qui n'est pas au niveau, c'est clair, il le voit. Il faut que les gens suivent. Je ne suis pas un tueur, mais je suis très exigeant avec moi-même et avec les autres. Donc, il faut que ça suive derrière. Il m'arrive de dire : "Écoute, j'ai dit ça ; maintenant tu ne discutes plus." J'ai besoin que mon équipe soit à disposition, ça, c'est une certitude. »* Ce mode de relation managériale n'exclut pas une certaine forme de violence, au moins dans les propos : *« Il y en avait une qui rentrait de congé de maternité. Elle était ambitieuse, elle était anxieuse. Je lui ai dit : "Écoute, tu as de l'ambition, je pense que tu tiens la route. Maintenant tu te calmes, sinon je te colle au mur." Et je l'ai fait grandir dans sa fonction, parce que je me suis mis en position de référent. Et elle a accepté. Elle a capté 5 sur 5. »*

Des liens qu'il fait entre son enfance, l'éducation qu'il a reçue et sa manière d'exercer l'autorité managériale aujourd'hui, Pierre se décrit d'abord comme un *« enfant dissipé et qui dissipait tout le monde, très vite en rejet de l'autorité sous toutes ses formes »*.

« J'avais un père qui ne m'embêtait pas, qui vivait sa vie ; un père plutôt absent. Ma mère, elle, était autoritaire, c'est clair ; il fallait être aux ordres, faire ceci, faire cela au pas de charge. Donc, dans l'entreprise, j'ai eu du mal à assumer l'autorité. Je pensais que mon chef avait intérêt à m'écouter, alors que moi je ne l'écoutais pas… Enfant, je me souviens,

j'étais dans ma chambre à faire mes devoirs car pour mes études je me suis toujours débrouillé tout seul, et ma mère venait et me disait : "Viens faire la vaisselle, viens faire ceci…" Elle répétait ça 10 fois… Il fallait me résigner à ce mode parental. Je pense que je transpose aujourd'hui, par rapport à ma hiérarchie, cette approche : je n'ai pas envie qu'on me fasse revivre cela. Si on me bride, "ça ne va pas le faire". »

Son obsession pour l'autonomie, voire plutôt l'indépendance, trouve probablement aussi ses racines dans l'histoire même de sa famille. Il glisse, en effet, à la fin de l'entretien : « *Entre parenthèses, mes parents sont tous les deux orphelins, alors vous voyez le truc. Mon père a perdu sa mère quand il était ado et son père n'était jamais là ; ma mère était orpheline de naissance. Ils ont su se soutenir pour vivre ensemble et tenir jusqu'à aujourd'hui ; alors ce mal-être, il a un petit peu rejailli dans leur comportement vis-à-vis de nous, les enfants… C'est sûr, ils ont alimenté le profil ; moi j'ai été rapidement autonome et je considère que je me suis bien géré pour l'instant.* »

« *Se faire et se grandir tout seul* » correspond à la ligne de conduite que se forgent les personnes sur la base d'un modèle interne contre-dépendant (ils nient la dépendance pour eux et pour les autres). Rien d'étonnant alors à ce que l'idée même de soutien paraisse incongrue à Pierre. Partager une difficulté personnelle ou professionnelle avec quelqu'un est dans sa représentation une preuve de faiblesse : « *Sincèrement, j'ai confiance en moi sur ce que je vois, ce que je dis, ce que j'écoute et quand je vais voir les gens, c'est pour conforter une position, la nourrir, mais je n'ai pas d'angoisse ni ce besoin viscéral d'aller me rassurer auprès de quelqu'un.* » Quand on l'interroge sur des personnes qui auraient été des ressources pour lui, Pierre s'étonne : « *Avant le monde du travail, qui m'a le plus soutenu ? Moi-même. Évidemment. La première personne qui m'a soutenu, c'est moi ; ensuite, c'est toujours moi… Oui, je suis quelqu'un d'autonome. Oui, il y a plein de gens que j'aime, que j'apprécie et qui partagent les mêmes valeurs que moi, mais je ne regrette rien. J'ai rencontré des gens bien à une époque. J'ai pu me dire, comme tout ado : "Tel prof de français a l'air intéressant." Pour le reste, je n'ai pas eu de référence. Je n'ai pas besoin de référence… Je suis quelqu'un de très bon gestionnaire. Avec le niveau de rémunération que j'ai aujourd'hui, j'ai réussi à me créer un patrimoine dont je suis assez fier. Alors que j'aurais pu être dans la norme, j'ai réussi à être un bon entrepreneur. Donc, je n'ai pas besoin de référent. »*

Dans le cadre des représentations contre-dépendantes de Pierre, on ne sera pas trop surpris de constater qu'il a des difficultés à accepter le feed-back et les conseils (de sa hiérarchie) sur son propre style de leadership : *« Le point sur lequel on me demande de m'améliorer, c'est le leadership. J'ai dit non, je ne suis pas d'accord ; de toute façon, il fallait bien qu'on me trouve quelque chose... Donc, je ne prends pas cette remarque en compte. Qu'est-ce que vous voulez, c'est un jeu, le leadership ; l'entreprise,* it's a game. »

Finalement, un certain nombre de ses relations professionnelles ressemblent à un combat : que ce soit vis-à-vis des personnes qu'il encadre – *« Je lui ai mis un bon coup de pied aux fesses. Un collaborateur, il faut lui faire sauter 1 m, 1 m 10, 1 m 20... Ce que je veux, c'est qu'il aille vite à 1 m 30 »* –, vis-à-vis des collègues – *« Il a essayé de me mettre des bâtons dans les roues ; alors je suis allé voir mon chef en lui disant : "C'est lui ou c'est moi." »* – ou de sa propre hiérarchie : *« Écoute, si tu pars sur ce terrain-là, ça ne va pas le faire. »*

« Suis-je incontrôlable ? » se demande Pierre avec lucidité, en admettant que, parfois, il lui arrive de « déranger ». *« Le problème, c'est que je vois les choses et que je dis les choses que je pense être justes. Et on me met ça sur le compte d'un écart de vision stratégique, plutôt que de l'insolence... Mais bon, je le sais : mon plus grand ennemi, c'est moi ! »*

— En résumé...

Le manager contre-dépendant dérange l'organisation

- Il s'investit émotionnellement dans les relations professionnelles, mais sur un versant agressif cette fois (colère et ressentiments) en éprouvant une certaine jouissance à recadrer ses propres encadrants et à observer le malaise qu'il déclenche à ce moment-là. Beaucoup de relations managériales (vers le haut ou vers le bas) sont présentées comme un véritable combat.

- Il utilise un langage très expressif ; il est assez content de l'effet produit par la manière de raconter l'histoire :
  - pour qualifier le manager (« *mon manager a le leadership d'une huître* », « *c'est un bouffon* ») ;
  - pour raconter ses propres interventions en tant que manager.
- Thématiques souvent présentes :
  - il se sent victime de l'incompréhension des autres vis-à-vis de son fonctionnement, de ses idées ;
  - son impatience et son exigence par rapport à l'entreprise et ses représentants officiels sont insatiables ;
  - il est globalement déçu des managers qu'il a eus ;
  - il exprime des manques de reconnaissance ;
  - il utilise des histoires vécues de trahison ou de « guets-apens » managériaux pour alimenter sa croyance sur le manque de loyauté et de fiabilité des hiérarchiques : « *Quand votre N+1 n'ose pas venir vous taper sur les doigts suite à une réunion qui s'est mal passée, il vient avec votre N+2 ; et là, vous vous faites pilonner pendant une heure trente. Dans ces cas-là, je me dis : "Bon, allez, essayons de positiver ; la bonne nouvelle, c'est qu'ils viennent à deux pour me recadrer maintenant. Donc, ça veut dire que, vraisemblablement, je dois leur donner du fil à retordre."* »
  - Sa stratégie opératoire : quand il n'est pas dans le combat avec sa hiérarchie, il peut chercher à établir une relation complice avec les personnes d'autorité qu'il a lui-même choisies, en n'hésitant pas à court-circuiter les lignes hiérarchiques.
  - Conséquences : il met en œuvre un management soit très directif (ce qui l'insupporte, lui, en tant que collaborateur !), soit trop autonomisant (le collaborateur peut se sentir abandonné à lui-même ou en perte de sens). Il a du mal à fournir la bonne proximité avec le collaborateur ; il est trop contrôlant, voire infantilisant, ou trop loin. Il peut faire peur à certains collaborateurs[1].

---

1. Nombre de managers contre-dépendants racontent qu'il leur arrive de faire pleurer certains de leurs collaborateurs.

– Il nie le besoin de soutien pour lui-même (il s'est construit et se construira tout seul ; c'est un « auto-entrepreneur ») et souvent aussi pour les autres. La proximité managériale s'apparente à « jouer le rôle d'une assistante sociale » qu'il ne veut surtout pas jouer.

– Dans l'entreprise, ce sont des managers qui se mettent en marge des positions traditionnelles de management opérationnel (ils font du développement, se définissent comme des entrepreneurs, des agents du changement…) ; ils font preuve d'une certaine impatience, trouvent que les choses (et les personnes) n'avancent pas assez rapidement ; ils s'ennuient vite d'une manière générale.

En conclusion de cette exploration des bases insécurisées d'attachement chez les managers, on constate des points communs. Même si les managers n'en sont pas immédiatement conscients, leurs relations managériales sont très investies émotionnellement, beaucoup plus que dans le cas des modèles sécurisés. En revanche, les émotions associées et leurs manifestations diffèrent complètement d'un modèle à l'autre :

- le ressentiment chez le contre-dépendant va générer de l'énergie pour repositionner l'autre et le garder à distance, souvent de manière inadéquate car assez agressive. Quand cette stratégie fonctionne, il en présente les résultats de manière victorieuse et fière ;

- chez le dépendant, le manque de confiance dans son autorité va le conduire à aplanir les difficultés potentielles de la relation, et à retourner contre lui et à l'intérieur de lui des sentiments négatifs comme la honte ou la culpabilité de ne pas avoir été à la hauteur. Ce qui, en revanche, est une grande source de satisfaction pour le dépendant est le rôle de sauveteur qu'il est amené à jouer, dans lequel il excelle par ailleurs.

Tout se passe comme si chacun de ces deux profils n'arrivait pas à régler la distance avec le collaborateur : le plus souvent trop près (dépendant) ou trop distant (contre-dépendant).

Dans tous les cas, et c'est la même chose quand on est collaborateur, toutes les occasions sont bonnes pour alimenter les modèles internes. Autrement dit, les situations difficiles ou négatives que la personne vit la conduisent à consolider son système de croyances dans une autorité non fiable ou ambivalente.

▨ MANAGER À PARTIR D'UNE BASE D'INTERDÉPENDANCE

Yves a 44 ans. La caractéristique de son parcours professionnel est d'avoir alterné des fonctions opérationnelles et des rôles fonctionnels à plusieurs reprises et dans différentes entreprises. Il a exercé des rôles managériaux en tant que responsable de fonction support, mais il a aussi connu le management opérationnel de grandes équipes (jusqu'à 120 personnes). Il est aujourd'hui directeur commercial dans l'industrie pharmaceutique.

Spontanément, il associe au mot « autorité » la reconnaissance, le cadre et la directivité. Un manager est, pour lui, légitime à partir du moment où il donne du sens aux demandes du collaborateur, indique la stratégie et est à l'écoute. Il attend aussi qu'il tranche de manière claire.

En tant que collaborateur

L'histoire d'Yves comme collaborateur est celle de quelqu'un qui a expérimenté avec intérêt et bonheur différents styles de patrons. Effectivement, de ses cinq « N+1 », aucun ne semble lui avoir laissé de souvenirs ou d'anecdotes pénibles : *« Je suis quelqu'un qui s'adapte facilement à un style de management et je retire toujours quelque chose de positif… Même si j'ai eu des N+1 très différents les uns des autres, je pense qu'il y a toujours du bon à prendre chez chacun. »* Quand on insiste pour lui faire quand même évoquer des situations critiques avec ses managers, Yves raconte qu'à chaque fois qu'il n'est pas d'accord avec son propre hiérarchique, il n'hésite pas à exprimer son argumentation. *« Une fois où on voulait m'imposer une certaine façon de faire en argumentant que c'était la seule solution possible, je ne me suis pas démonté et j'ai bataillé pour indiquer qu'une autre solution, à mon sens plus pertinente, était possible. Ce n'est finalement pas la solution que mon directeur a retenue car il avait déjà pris sa décision. Mais ce qui est intéressant, c'est qu'il a reconnu avoir omis une donnée… Donc, je pense qu'il faut savoir dire de temps en temps : "Ta décision, je l'entends bien, mais je pense que tu as une autre solution plus intéressante." Maintenant, s'il a pris une autre décision et qu'elle ne nuit pas au pilotage de l'entreprise,* why not *; c'est à lui de trancher après tout. »*

Son vécu de collaborateur est aussi celui de quelqu'un qui bénéficie d'un manager *« qui t'oblige à aller au bout de tes retranchements et au bout de ton raisonnement, et qui va s'engager derrière »*. Yves décrit donc une relation d'encadrement qui le fait grandir et qui, en même temps, le soutient ; cela se passe ainsi depuis qu'il est entré dans le monde du travail, il y a une bonne vingtaine d'années. Ses croyances positives dans les relations en général ne sont sans doute pas étrangères à cette manière de se positionner en tant que collaborateur. Gageons que cette vision confiante et optimiste irrigue également sa manière d'incarner le pouvoir en tant que manager.

« De tempérament, je suis plutôt manager, déclare Yves. *Dans les différents métiers que j'ai exercés, manager des hommes m'a toujours plu. J'ai toujours eu de la proximité avec mes collaborateurs et je pense que mes collaborateurs ont pris du plaisir à travailler avec moi ; ils me le disent de temps en temps. »*

À quand remonte cette envie de management ? Yves situe clairement son goût et son plaisir pour la relation : *« Mon père était commerçant et assez proche de ses clients, il était apprécié pour cela. J'ai baigné dans cette atmosphère où l'on côtoie des tas de personnes de tous types, et on adapte son langage à la situation dans laquelle on se trouve et en fonction de la personne, de son niveau social, de ce qu'elle vit, etc. Tout jeune, j'ai donc appris à baigner dans cette relation à l'autre. Après, j'ai continué parce que j'aimais cela, dans mes stages… J'ai appris aussi à exprimer les choses au bon moment… La valeur de la relation entre les hommes est une valeur forte que j'ai en moi. »*

Comment Yves décrit-il sa manière de manager ? Il se voit à la fois directif et participatif : *« Le fait d'avoir les deux styles me permet de jongler. J'utilise plus le management d'autorité quand je suis face à un collaborateur qui sort du cadre, mais sinon j'ai plutôt tendance à responsabiliser les gens sur leur mission, en leur donnant bien le résultat à atteindre et le sens du pourquoi ils doivent faire les choses. À partir du moment où ils ont le sens, la compétence et le cadre, à la limite on va se fixer un timing d'exécution, mais j'attends qu'ils agissent eux-mêmes. Maintenant, ma porte est toujours ouverte. Même si elle est fermée et qu'il y a un point de blocage, ils sont en droit de frapper ou alors, c'est que vraiment je suis débordé. Mais à 80, 90 % de mon temps, je suis disponible, à l'écoute. »*

Un style basé sur la « justesse »

Des liens qu'il établit entre ses propres figures d'autorité et sa manière d'exercer son rôle managérial, Yves fait clairement référence à son père dont il a repris le côté « juste ». *« Finalement j'ai très peu vu mon père parce que, du fait de son travail où il était très pris, on était un peu décalés. S'il y a un trait qui lui irait assez bien, c'est le mot "juste". Il y avait de la justesse dans son jugement. Il savait être autoritaire, mais quand il fallait être souple il savait jouer avec ça. Il savait bien mesurer les choses en les disant, s'il y avait quelque chose à dire, avec autorité, et puis c'était fini. On passait à autre chose après. »*

De sa mère, il semble avoir retenu un contre-modèle : *« Elle était assez présente parce qu'elle était vigilante, travailleuse aussi, parfois excessive... Ça, c'est un point que, a contrario, je ne voulais pas reproduire chez moi. C'était le contraire de mon père. À un moment donné, elle me reprochait un truc, et elle me le rabâchait sans arrêt. Et ça, je ne supporte plus. C'est peut-être pour ça que j'ai été un peu plus dur après le bac ; parce que tout ça, je n'en pouvais plus. »*

Les impacts de ses modèles sur son management d'aujourd'hui

Yves les identifie facilement : « *Je remercie mon père, c'est-à-dire que maintenant j'analyse la situation. Si j'ai quelque chose à dire à mon collaborateur, je vais le lui dire clairement, mais je ne vais pas le lui rabâcher tous les jours ou toutes les semaines. Par contre, on fixera une date, on refera un point ultérieurement. C'est plus constructif, et ça permet aussi de laisser la chance au collaborateur de se corriger. Bon, après, il faut voir si, lui, il a la capacité de le faire et s'il a tenu son engagement derrière... Dans ce cas-là, je suis plus directif, voire "sanctionnant", mais je laisserai toujours une chance au collaborateur. Alors, quand je parle de "sanction", ça peut être positif ou négatif... Pour moi, un manager doit aussi donner de l'énergie à ses équipes, et donner de l'énergie, c'est connaître l'investissement et la qualité du travail, et savoir féliciter les gens. Et ça, j'y suis très vigilant. C'est comme le remerciement. Parfois, à quelqu'un qui a fait du bon boulot dans les temps, ça fait partie des valeurs de simplicité que de dire : "Écoute, je te remercie pour le travail bien fait." Je trouve qu'il y a beaucoup de managers qui l'oublient aujourd'hui et c'est dommage.* »

Un manager participatif, mais qui « traite » toutes les situations inacceptables

Comme lorsqu'il est en situation de subordonné, Yves ne laisse jamais pourrir une relation avec un hiérarchique : « *Quand quelque chose ne me convient pas, j'en parle directement avec la personne concernée... Pas à chaud, parce que je n'aime pas être sous l'émotionnel seulement, même si, sur le coup, ça me déplaît. Je vais revoir la personne calmement et je m'explique avec elle... Je n'ai pas besoin d'avoir telle ou telle chose pour avoir du pouvoir ; ça ne m'intéresse pas. Ce qui m'intéresse, c'est que les choses soient le plus clair possible.* »

┌───┐

— En résumé… ———————————————————————————

Le manager interdépendant incarne l'autorité comme un échange dans l'organisation

● Manager assuré, sûr de trouver de l'intérêt et du plaisir à diriger des personnes, il utilise une palette de styles managériaux (du directif au participatif) en fonction des situations et des personnes.

● Il a confiance dans les potentialités de ses collaborateurs et met en place les conditions de développement de leur autonomie tout en leur assurant soutien et proximité managériale.

● Il prête à sa hiérarchie des intentions constructives, de sorte qu'il est prêt à s'opposer à elle en argumentant avec simplicité. Quand il n'arrive pas à convaincre de sa contre-argumentation, il accepte la décision finale sans arrière-pensées car il reconnaît l'autorité.

● Il ne reste pas fixé sur un incident ou une relation problématique ; il ne laisse pas pourrir les situations. Il voit le recadrage comme une occasion de résolution. Il dit ce qui est inacceptable pour lui et ce, sans excès émotionnel.

● Il ne surinvestit pas émotionnellement la relation d'encadrement ; il perçoit et comprend, mais n'est pas envahi par les besoins émotionnels des autres.

● Il dégage une sympathie naturelle car il prête peu le flanc aux relations conflictuelles ; il fait preuve de réalisme et d'optimisme.

● C'est un collaborateur souple et un manager fiable.

● Il est celui qui assure avec le plus d'aisance *l'autorité* au sens étymologique du terme : « *Une force qui sert à soutenir et à accroître.* »

└───┘

Que se passe-t-il, maintenant, quand dans la relation d'encadrement les modèles internes entre manager et collaborateur se confrontent ; existe-rait-il une « bonne » combinaison ?

■ LA RELATION MANAGÉRIALE, UNE COMBINAISON RÉSONANTE OU DISSONANTE ENTRE MODÈLES INTERNES

Tiffany Keller a effectivement étudié les différentes combinaisons entre le modèle interne dominant du manager et celui du collaborateur.

Quand les modèles internes sont identiques de part et d'autre de la relation managériale, il y a compréhension et entente spontanées sur les attentes. Chacun interprète le comportement de l'autre avec le même référentiel. Les risques de déception, d'incompréhension et de malentendus sont donc moindres. Mieux encore, dans ce cas de figure de concordance des modèles, qu'ils soient sécurisés ou non, les relations sont vécues positivement par les deux parties. L'estime réciproque s'y développe avec, comme conséquence, un collaborateur, parce que le manager répond *adéquatement* à ses attentes, qui reconnaît positivement l'autorité de son manager et est beaucoup moins enclin à démissionner. C'est ainsi que s'installe un cercle vertueux dans la dyade hiérarchique.

Collaborateur interdépendant/manager interdépendant

Les collaborateurs dotés d'un modèle interne sécurisé entrent dans l'entreprise avec des théories implicites positives concernant le leadership. Autrement dit, ils abordent les managers avec un *a priori* positif et sont réceptifs aux interventions managériales. En retour, les managers sécurisés répondent adéquatement à leurs besoins individuels en leur fournissant compréhension et soutien à la demande.

Collaborateur dépendant/manager dépendant

Comme on a pu le constater dans le cas de Marie, les managers dépendants, c'est-à-dire présentant un attachement anxieux ambivalent, accueillent bien volontiers les besoins de collaborateurs fondés sur les mêmes bases d'insécurité relationnelle, car c'est dans ce cas de figure précisément que ces managers ont le sentiment d'être compétents, et donc de se sentir légitimes. Dans la version extrême de cette relation managériale, le risque existe que les collaborateurs dépendants ne soient jamais poussés à sortir de leur dépendance et à gagner en autonomie personnelle.

Collaborateur contre-dépendant/manager contre-dépendant

Ici, puisque les deux parties rejettent la dépendance, elles vont se trouver bien aise d'être peu sollicitées par la relation. Le collaborateur contre-dépendant va apprécier qu'on le laisse tout seul, sans intrusion du manager ; de son côté, le manager contre-dépendant évaluera positivement ce qu'il estime être de l'indépendance chez son collaborateur. Ainsi donc, l'interaction managériale se passe au mieux quand les modèles internes sont partagés dans la dyade hiérarchique. On peut même dire qu'ils s'y alimentent positivement.

En revanche, on comprend mieux maintenant pourquoi tout se complique quand les représentations et les attentes d'autorité du collaborateur entrent en dissonance avec celles de son manager. Le tableau suivant en résume les principales caractéristiques.

Types d'interaction entre les profils d'attachement
du collaborateur et du manager

Profil d'atta-chement du colla-borateur	Profil d'attachement du manager		
	Sécurisé Interdépendant	Anxieux Ambivalent Dépendant	Évitant Contre-dépendant
Sécurisé Interdépendant	Relation positive (même profil).	Le manager s'accroche à son collaborateur et essaie de renforcer la dépendance entre eux ; le collaborateur doute alors de ses compétences à manager.	Le manager est peu réceptif et ne fournit pas de support affectif ; le collaborateur mise alors sur ses ressources émotionnelles propres.
Anxieux Ambivalent Dépendant	Le manager cherche à prendre de la distance par rapport à la demande de forte proximité du collaborateur, qui en retour cherche à s'agripper davantage à la relation.	Relation positive (même profil).	Le manager est agacé par un collaborateur en demande de proximité ; le collaborateur se blâme lui-même et redouble ses demandes.
Évitant Contre-dépendant	Le manager est préoccupé par l'incapacité à construire une relation avec son collaborateur qui, de son côté, ressent de l'intrusion de la part de son encadrant.	Le manager se critique pour son incapacité à construire une relation avec son collaborateur qui, lui, se retire plus loin encore.	Relation positive (même profil).

D'après Tiffany Keller, 2003.

Grâce aux éclairages fournis par la théorie de l'attachement, on réalise tout l'intérêt qu'il y aurait à permettre à tout manager ou collaborateur (qui le désire) de mieux comprendre les schémas mentaux qui l'habitent. En effet, l'expérimentation répétée de relations managériales où les modèles internes d'autorité entrent en dissonance peut conduire un manager ou un collaborateur à vivre une bonne part de sa vie professionnelle de manière pénible et non satisfaisante.

Il ne s'agit pas de juger négativement sa propre histoire personnelle, et encore moins les acteurs et les figures d'autorité qui y ont joué un rôle. Il est plutôt question de s'approprier encore plus cette histoire pour réaliser quelles sont les ressources et les compétences que les modèles internes ont conduites à développer chez chacun, trouver de nouvelles voies pour vivre la dissonance et aussi pour cheminer vers des modes relationnels plus « sereins » comme ceux de l'interdépendance.

Chapitre 7

Comment renforcer l'autorité managériale ?

« Nous vivons la fin de l'autorité ; cette fin de l'autorité nous confronte moins à une catastrophe qu'à des interrogations inédites sur les pratiques de pouvoir et ces interrogations nouvelles ont pour horizon l'avenir de la démocratie, à la fois comme régime et comme culture. »

Alain Renaut, *La Fin de l'autorité*

Comment l'entreprise peut-elle réfléchir aux modèles d'autorité qu'elle propose de manière implicite et explicite à ses jeunes nouveaux entrants ? Quelles sont réellement les conditions d'exercice de l'autorité qu'elle offre à ses managers ? Comment composer avec des attentes d'autorité contingentes à des environnements de travail souples et complexes ?

Les chantiers de l'autorité managériale contemporaine sont multiples, d'où la nécessité de combiner diagnostics et actions et ce, à plusieurs niveaux.

■ PAS DE LEADERSHIP SANS *FOLLOWERSHIP*

D'abord, il est important de redire ici combien se préoccuper d'autorité ou de leadership en faisant l'impasse sur la notion – moins politiquement correcte, certes – de *followership*[1] est une hérésie. Le faible nombre de pages consacrées au *followership* dans les volumineux

---

© Groupe Eyrolles

1. Que les mots de « collaboration » ou de « subordination » traduisent mal.

manuels de management en dit long sur le parti pris choisi pour envisager et étudier le pouvoir dans l'entreprise. Du côté de la recherche académique, les travaux sur le *followership* n'ont véritablement commencé à émerger que depuis une vingtaine d'années[1], et l'idée que le subordonné puisse être autre chose qu'une personne passive date d'un article de 1995[2] !

Heureusement, l'image du leader héroïque, qui ne peut que faire de l'ombre au *follower*, est aujourd'hui pratiquement révolue ; il n'empêche, nous n'avons eu de cesse, tout au long de ces pages, d'en déplorer une de ses conséquences, dommageable pour le manager lui-même. À le considérer depuis le départ comme un grand homme ou un de ses héritiers, il est logique qu'on lui attribue toute la responsabilité de la performance de la relation managériale, grâce à cette habilité (plutôt innée d'ailleurs) à faire adhérer son subordonné (vous avez dit « charisme » ?). Rien d'étonnant dans ce cas à ce que nombre de managers potentiels encore imprégnés de cette croyance aujourd'hui n'imaginent même pas qu'ils pourraient faire l'affaire dans le rôle.

Il est donc temps de rattraper le temps perdu en ajoutant, dans la panoplie de lecture de ce qui se joue dans la relation d'encadrement, des grilles d'analyse du mode d'obéissance (ou de collaboration) qui fonctionnent à la fois pour le collaborateur et pour le manager. À cet effet, la théorie de l'attachement semble tenir ses promesses, en renvoyant aux deux acteurs de la dyade managériale leur part toute subjective d'appréhension de l'autorité.

LE MANAGER, MODÈLE D'AUTORITÉ

Comme le montrent nos études, pour les jeunes générations le manager est, et reste, une figure d'autorité, quoi qu'on en dise.

---

1. Robert E. Kelley, 1988.
2. Ira Chaleff, 1995.

Comme ne le disent pas les principaux courants de recherche, tous les leviers d'autorité du manager ne reposent pas sur son *leadership* justement. Il faut aussi compter avec l'entreprise et les modèles d'autorité qu'elle diffuse, ainsi qu'avec le paquet d'attentes et de représentations personnelles portées par le collaborateur lui-même.

Nous avons, en effet, souligné plus d'une fois le rôle majeur joué par l'organisation dans la construction des modèles d'une autorité managériale attendue par le collaborateur. Ce rôle est probablement sous-estimé actuellement, dans des contextes où priment le culte de l'urgence et l'adaptabilité immédiate. Nous pensons qu'il y aurait un intérêt à mesurer les effets d'une perception d'absence de légitimité des actes et des personnes impliquées dans la chaîne managériale sur la fidélisation des jeunes collaborateurs. Nos travaux montrent que le risque est bien réel.

Quant à la lecture permise par les modèles internes, elle montre aussi que tout ne repose pas sur le manager ; par contre, elle lui révèle un rôle qu'il n'avait peut-être pas encore entrevu. En effet, sa capacité à faire évoluer les références d'autorité du collaborateur, à travers l'autorité qui lui est conférée, apparaît assez grande. Le passage d'un modèle dépendant, voire contre-dépendant, à un modèle interdépendant est possible, offrant au jeune collaborateur de développer son autonomie personnelle. Cela signifie que le manager, par son action, peut permettre à une personne de modifier ses croyances concernant la relation d'autorité et ce, dans un sens bénéfique pour elle. Ce constat est particulièrement important et charge la fonction managériale d'une mission bien réelle. Il est primordial que les managers en soient conscients car il y a un pendant à cette responsabilité. L'inadéquation d'une attitude dans une interaction d'autorité (« accident d'autorité ») peut avoir des conséquences non négligeables sur le renforcement de croyances en une autorité peu sûre et, en même temps, un impact négatif sur la légitimité du manager aux yeux du jeune collaborateur.

┌─ En résumé... ──┐

Chez une population de jeunes entrés récemment dans le monde du travail, le manager est bien celui qui, à la fois :

- médiatise (supporte et relaie) le modèle d'autorité organisationnel dominant ;
- actualise les modèles internes d'autorité de ses collaborateurs.

└───┘

■ QUE FAUT-IL RETENIR DES ATTENTES D'AUTORITÉ DU JEUNE DIPLÔMÉ ?

À côté d'une éventuelle tendance sociétale et générationnelle, la question du référentiel d'autorité avec lequel cette population de jeunes diplômés aborde l'entreprise est aussi, et surtout, une question d'interaction avec un environnement de travail. Le fait d'avoir centré notre étude sur « leur » point de vue permet de rendre plus visible une tendance de fond, qui va sans doute dessiner les rapports d'autorité dans la relation d'encadrement de demain.

En SSII, nous avons trouvé des jeunes collaborateurs dans une posture « réaliste critique » ; autrement dit, c'est comme s'ils n'étaient pas dupes du lien fort entre les possibilités organisationnelles de l'autorité managériale et les actes et les interventions du manager lui-même. Il est vrai que nous avons affaire à une population très éduquée, habituée à voir l'entreprise comme un système, et donc voulant comprendre ce qui s'y passe. Cette attention spécifique est peut-être encore accrue du fait de la distance physique qui sépare certains de leur maison mère. Du manager, donc, ils n'attendent que ce qu'il est en capacité de donner ; par conséquent, la focale est mise sur des actes de GRH très personnalisés et intimement liés au développement de leur employabilité. La SSII est, rappelons-le, souvent vue comme une *agence d'intérim de luxe*, ce qui en dit long à la fois sur les exigences en termes de développement professionnel, mais aussi sur un engagement tout relatif envers le projet collectif présenté par l'entreprise.

Éloignement de l'entreprise et proximité managériale : une incompatibilité ?

Dans les exigences présentées comme source de légitimation du manager, nous avons beaucoup insisté aussi sur la notion de proximité managériale, qu'elle soit physique, relationnelle ou symbolique. On peut d'ailleurs se demander si cela est dû au début de la vie professionnelle ou si – comme semblent le montrer les tenants de la théorie de l'échange managérial – la dimension organisationnelle[1] de la proximité en fait une vraie variable de la qualité de la relation d'encadrement, quels qu'en soient les acteurs.

L'hypothèse la plus vraisemblable est que la distance au manager exigerait en contrepartie, de la part du management et de l'entreprise, une attention toute particulière aux dimensions de la proximité. La lecture par les modèles internes d'autorité et une investigation par les incidents critiques montrent que l'absence de « proximité » peut être une source de menace ou d'insécurisation pour certains collaborateurs. En même temps, elle offre des pistes concrètes de réponses pour le manager. Quand un collaborateur se sent lâché par l'organisation ou le management, il peut reconnecter cette situation à des sentiments d'abandon ressentis antérieurement. Tout va donc dépendre de la réponse managériale qui va lui être faite.

Des leviers pour sortir « grandi » de la crise : les facteurs d'exemplarité

D'autres facteurs nous permettent d'évoquer des pistes de réponses managériales. Il s'agit des dimensions que nous avions classées dans la rubrique de l'« *exemplarité*[2] » et qui, d'après l'analyse des entretiens des collaborateurs, seraient de nature à développer la légitimité du manager dans une situation de travail donnée.

L'exemple suivant illustre assez bien une interaction d'autorité, à l'issue de laquelle le collaborateur est à même d'évaluer l'intervention du

1. La taille des équipes.
2. Capacités à montrer l'exemple (modèle), à s'affirmer dans la prise de décision (décision), à être transparent (transparence).

manager comme juste, respectueuse de ses valeurs, cohérente avec un contexte qu'il a lui-même déjà analysé. Ici, c'est une attitude qui est attendue, bien plus qu'une fonction précise. Si elle est mise en œuvre par le manager, celui-ci devrait voir son capital d'autorité/légitimité augmenté ou confirmé. D'un point de vue plus psychologique maintenant, c'est un mode interdépendant qui est plébiscité ; c'est-à-dire un mode managérial permettant au collaborateur d'expérimenter une relation d'encadrement sous la forme d'un échange, et au travers duquel il va pouvoir continuer à développer son autonomie personnelle.

> *Dans mon cas, je suis assez conscient de la situation de l'entreprise, de la situation du marché. Je suis capable de comprendre si on me dit : « Cette année, on ne t'augmente pas » ou : « Cette année, il va falloir travailler beaucoup, mais on ne pourra pas vraiment te rendre de services pour ça, parce que la situation est vraiment difficile. » De la part d'un manager, je préfère qu'il me dise, en ne me prenant pas pour un idiot : « En ce moment, on ne peut pas faire autrement, on te demande de travailler comme ça et de faire ton possible », plutôt que d'essayer de m'embrumer, en m'annonçant : « Tu verras, l'année prochaine ce sera bien, et tout et tout... » Pour qu'un manager soit légitime, je pense qu'il a un devoir de franchise, même dans une situation difficile. Et je pense que les gens avec qui il travaille, dans certains cas, sont capables de comprendre qu'on ne peut pas faire autrement. Par contre, quand les gens se rendent compte qu'ils ont été un peu trompés, que finalement après on leur a menti, la situation devient insupportable. Voilà : je pense qu'un bon manager va être capable de dire la vérité, même si elle n'est pas bonne à entendre.*

Loin d'exiger du manager des choses qu'il ne pourra tenir en raison de ses leviers d'action réels, les jeunes expriment, en revanche, une forte exigence sur des comportements et des attitudes qui ont trait à un engagement managérial, qui ne transige pas avec les promesses données, la transparence et le courage de la décision. Cette exigence s'adresse tout autant à l'organisation elle-même.

De manière pratique, nous en retenons une attente de « parler vrai » de la part du manager. Autrement dit, le jeune cadre préférera de loin se confronter à une décision avec laquelle il n'est pas du tout d'accord, mais dont il percevra les tenants et les aboutissants, plutôt qu'une forme plus « politique » d'intervention, loin de l'information et des explications claires qui lui sont chères. Cela signifie aussi que toutes les stratégies qui peuvent consister pour un manager à sortir de son rôle ont peu de chance d'ajouter du crédit à son autorité, dans la mesure où l'on s'éloigne, à ce moment-là, de cette forme d'éthique qui, finalement, consiste simplement à reconnaître le collaborateur comme un interlocuteur digne de ce nom ! Cette attente participe sans doute de ce mouvement de fond d'une autorité managériale plus proche de l'échange que de la forme de subordination traditionnelle et sur laquelle nous allons revenir.

Si nous sommes en mesure d'attirer l'attention des managers sur des pistes pratiques quant à la manière de conduire leur relation d'encadrement avec leurs jeunes subordonnés, il n'en demeure pas moins vrai, comme nous ne cessons de le marteler, que les meilleures conditions organisationnelles de l'exercice de son autorité ne sont pas toujours réunies. Il est donc important que, dans une optique prescriptive, cette dimension soit traitée conjointement, faute de quoi les fonctions managériales seront de moins en moins attractives.

Enfin, et quoi qu'en disent certains discours, ces jeunes sont capables de s'investir, voire de s'impliquer énormément sans être arc-boutés sur des horaires stricts ou encore les 35 heures. Ils n'ont peut-être pas une norme d'autorité parfaitement identifiée quand ils arrivent dans l'entreprise, mais ils ont une norme d'implication et ont intériorisé les contraintes du travail et de la place du client, ils ont donc une véritable norme d'obéissance. Autrement dit, ils sont déjà convaincus de l'importance de réaliser au mieux les termes du contrat de travail. On n'est donc plus dans une forme de convention d'effort qui consiste à échanger du travail contre un salaire, mais plus dans une négociation implicite autour de l'échange suivant : *« J'ai bien intériorisé les normes d'activité et les besoins du client, par contre il y a d'autres terrains sur lesquels j'attends que l'on discute : "Qu'est-ce que l'entreprise, à travers mon manager, va faire pour ma carrière et ma trajectoire de manière plus large ?" »*

Cette manière de voir les choses rejoint l'idée d'autorité (et d'obéissance) réflexive chère à David Courpasson. Elle s'applique aussi bien aux managers qu'aux subordonnés, en en faisant des acteurs doués de « réflexion », c'est-à-dire parties prenantes des questions d'autorité dans l'organisation[1]. Les postures prises visiblement par la population sur laquelle nous nous sommes centrés illustrent bien cette réflexivité à l'œuvre dans une relation d'autorité qui, effectivement, est touchée par une montée de l'égalité, ou plutôt l'arrivée d'un nouvel équilibre, mais qui ne sera jamais totalement égalitaire quoi qu'il en soit.

■ LE RÔLE MANAGÉRIAL ACTUEL : POURQUOI J'IRAIS MANAGER ?

Sans tomber dans l'excès de commisération, nombreux sont les éléments objectifs qui dénoncent, par la voix des jeunes collaborateurs entre autres, les difficiles conditions dans lesquelles les managers, à tous les niveaux, ont à exercer aujourd'hui leur position d'autorité.

L'« intermédiation hiérarchique » contemporaine : une position difficile

Le rapport de l'EHESS, mené par Loup Wolf[2] en 2005, décrit en effet une dévalorisation des positions d'encadrement hiérarchique, avec des chefs dénués de pouvoir de décision, simplement chargés de relayer les objectifs dictés d'en haut, et réduits à contrôler le travail. Nous reprenons à notre compte son hypothèse de division croissante du travail de domination comme une des sources organisationnelles principales de délégitimation de la fonction d'encadrement. Dans les SSII, la présence d'un chef de projet comme intermédiaire non hiérarchique, ainsi que la

---

1. David Courpasson, *L'Action contrainte*, PUF, 2000.
2. Loup Wolf, « Transformations de l'intermédiation hiérarchique », rapport de recherche, Centre d'études et de l'emploi, *Laboratoire de sciences sociales (ENS-EHESS)*, n° 29, novembre 2005.

présence forte du client renforcent encore les risques de dilution de la responsabilité.

Nous constatons par ailleurs que les contraintes qui pèsent sur le manager sont de plus en plus fortes, par exemple, la dimension juridique, voire pénale du rôle ; ainsi, certaines organisations commencent à éprouver de la difficulté à susciter des vocations pour la fonction.

Ce que nos études de cas révèlent aussi, c'est une quasi-absence de leviers de décision, en dehors d'une instrumentation de gestion bien présente. Pourtant, de plus en plus d'entreprises comptent souvent sur leurs managers pour assurer tout ou partie des fonctions de développement RH des collaborateurs. Or, il devient très difficile de travailler sur des projections professionnelles et de faire un accompagnement individuel adéquat car le marché exerce sa contrainte propre. Donner de la visibilité à un jeune cadre à un horizon de trois ans relève donc de l'exercice d'improvisation !

Enfin, à ces sources organisationnelles qui jouent sur la crédibilité de la fonction managériale s'ajoute le regard des jeunes collaborateurs dont l'enquête et les études de cas ont montré la reconnaissance toute relative de l'autorité du manager, en même temps que l'exigence très forte d'une prise en compte d'une trajectoire personnalisée.

Quand l'organisation pèse sur les managers

L'autorité que doit porter le manager est par définition fragile, instable, contingente aux aléas de l'organisation ; les managers en sont conscients et développent leurs propres stratégies conscientes ou inconscientes pour alimenter le processus de reconnaissance de cette autorité chez leurs collaborateurs. Dans un contexte peu favorable à la prise de responsabilité en termes d'encadrement des personnes, nous avons pu observer que certains d'entre eux pouvaient avoir recours à certaines stratégies de manière à « tenir » quand même le rôle.

Pour faire face à une certaine impuissance, un manager explique que, de temps à autre, il se voit obligé d'« enlever sa casquette » de manager pour parler à son collaborateur, comme pour se décharger en quelque sorte de la part organisationnelle – celle qui ne dépend pas de lui – de son autorité. Par contre, ses collaborateurs ne sont pas dupes de ce processus qui produit un effet négatif sur la représentation de son autorité. Au mieux, cela les fait « bien rire ». Que penser, en effet, d'un management qui a besoin de se renier pour exister ?

Autre illustration des difficultés pour les managers à se positionner adéquatement dans les organisations complexes : la stratégie qui consiste à *« faire du management au black[1] »*, par exemple quand les structures projet mises en place chez le client révèlent leur insuffisance. Dans des organisations où prédomine le mode projet, il arrive fréquemment que les managers pilotent en direct leurs propres collaborateurs, mais aussi les collaborateurs d'une société concurrente. Dans le même temps, d'autres personnes, dont ils sont les responsables hiérarchiques officiels, sont encadrées, elles, sur le projet par des managers d'une société différente. Pour pallier les déficiences de repères managériaux pour ceux qui composent ces équipes forcément hétéroclites, le manager doit souvent composer en inventant des règles, bien au-delà de l'autorité affectée.

Pour Courpasson, cette délégation de légitimité offerte par le management libéral est donc ambivalente, car *« elle ouvre apparemment les chemins du pouvoir, mais elle confronte le manager à l'impuissance et l'oblige finalement à cultiver ses talents diplomatiques pour faire oublier ses déficiences politiques[2] »*.

Le manager imprésario

Entre le Casque bleu et le diplomate, le modèle du manager qui se dessine s'apparente assez à celui d'un « imprésario » ; sa légitimité va en effet s'évaluer à l'aune de sa capacité à faire converger les attentes d'un client et celles tout aussi exigeantes d'un jeune collaborateur qui attend que la mission confiée lui permette de développer son talent et son portefeuille de compétences, autrement dit de « rester dans la lumière ». Le rôle managérial dessiné ici se fonde davantage sur une forme d'intermédiation entre les besoins d'un client, et les ressources

1. Selon leur propre expression.
2. David Courpasson, *L'Action contrainte, op. cit.*

humaines à mobiliser et fidéliser fortement pendant un temps déterminé, celui du projet. Cela présuppose une attention extrême aux signes d'insatisfaction de l'un et au potentiel ennui des autres. Cet exercice de mise en relation et de vigilance, sans toujours les moyens organisationnels pour le réaliser, peut s'apparenter à celui de l'équilibriste et colore de manière relativement nouvelle le rôle managérial contemporain.

L'échange au lieu de la subordination ?

Comme nous avons pu nous en apercevoir à maintes reprises, tout se passe comme si, à la notion traditionnelle de subordination, qui place clairement un subordonné dans un état de dépendance, se substituait la notion plus socialement « acceptable » aujourd'hui d'une relation d'encadrement comme un échange. Jusqu'où peut-on pousser le raisonnement ? Nous sommes encore bien dans des configurations de travail où domine le cadre juridique et économique du contrat de travail. Alors, où se situe réellement l'échange ?

Rappelons d'abord que l'unilatéralité pure de la subordination reste un rêve[1], comme le martèle Patrick Friedenson[2]. Ce qui est annoncé, c'est un échange entre subordination et prise de risque ainsi que des liens de subordination interentreprises, qui interfèrent avec les rapports de subordination en jeu dans la relation salariale[3]. Les fonctionnements par projet, comme « le forfait » ou « la régie » en SSII, en sont de parfaites illustrations, obligeant les managers à de multiples contorsions pour légitimer leur autorité.

Dans les contextes que nous avons étudiés, c'est la relation d'emploi tout entière qui fait l'objet d'une forme de négociation permanente. Ce qui s'échange alors est la garantie de missions épanouissantes contre une implication importante. Ce qui s'échange aussi, c'est une autorité

---

1. Cela tiendrait plutôt du mythe à notre avis.
2. Patrick Friedenson, « Les transformations des pratiques de subordination dans les entreprises et l'évolution du tissu productif en France » in Héloïse Petit, Nadine Thévenot, *Les Nouvelles Frontières du travail subordonné*, La Découverte, 2006.
3. Antoine Lyon-Caen, « Droit du travail, subordination et décentralisation productive » in Héloïse Petit, Nadine Thévenot, *Les Nouvelles Frontières du travail subordonné, op. cit.*

protectrice contre la garantie que tout sera fait pour satisfaire le client et que l'on ne démissionnera pas trop vite.

▪ L'AUTORITÉ MANAGÉRIALE : UN PROBLÈME DE DIRECTION GÉNÉRALE

Rien ne peut se faire sans une vraie réflexion des dirigeants sur les signes d'autorité dont ils veulent réellement investir l'ensemble de la chaîne managériale. Nous plaidons pour une véritable prise de conscience par les managers du sommet, des modèles d'autorité que l'organisation « inflige » aux acteurs de la dyade managériale. Au fond, à part quelques séminaires ou grand-messes biannuelles à visée extrêmement large, quelles réflexions de fond les directions générales ont-elles déjà menées autour du pouvoir managérial et de sa réception par les collaborateurs de l'entreprise ? Nous ne voulons pas croire que les dirigeants en sont encore à penser que l'autorité statutaire suffit pour produire de l'obéissance, même si parfois les discours défensifs, voire plaintifs, sur le peu d'investissement des jeunes peuvent le laisser penser.

Débusquer les pratiques de « délégitimation »

Du point de vue de la méthode, cette démarche impliquerait d'abord d'identifier toutes les sources de légitimation et de délégitimation actuelles, pour ensuite statuer sur les supports réels que l'on veut mettre en place et qui auront inévitablement un impact sur les équipes. Nous pensons que si cette question n'est pas investie à ce niveau, la problématique « encadrement et fidélisation des jeunes collaborateurs », parce qu'elle est devenue un enjeu crucial, va se charger de réveiller les esprits.

Le premier support à l'autorité managériale contemporaine est donc éminemment politique ; sans un signe fort à ce niveau de l'entreprise, nous ne voyons pas comment managers et managés peuvent en retirer des repères clairs dans ces contextes particulièrement complexes et mouvants. Le support d'un chercheur ou d'un consultant extérieur peut aider valablement un comité de direction à envisager la question en la débarrassant des tabous souvent attachés aux questions ayant trait au pouvoir.

Pour une politique d'appui à la chaîne managériale : sélection et formation des managers

C'est devenu un poncif dans la littérature managériale : un bon opérationnel ne fait pas forcément un bon manager. Cette idée est aussi entrée dans le sens commun des décideurs en GRH. Pourtant, force est de constater qu'aujourd'hui encore la nomination des managers obéit à des critères plus bricolés que réellement passés au crible d'une évaluation fine. Et que dire des managers qui ont à encadrer d'autres cadres, souvent plus formés qu'eux-mêmes sur un plan technique et avec les exigences que l'on a décrites ?

Même si le tableau n'est sans doute pas aussi caricatural, les DRH peinent à mettre en place une politique d'évolution ou de préparation à ces niveaux de fonctions d'encadrement. La plupart du temps sont promus des cadres qui ont déjà encadré des équipes. Dans le cadre des SSII, on s'arrange aussi pour partager la responsabilité d'encadrement avec un encadrant senior, chargé de veiller à l'apprentissage de ce niveau d'encadrement. Ce dispositif de montée progressive en responsabilités paraît donner de bons résultats, en même temps qu'il limite les erreurs dues à une certaine jeunesse dans la fonction. Le bémol vient juste de ce que les collaborateurs en perçoivent : un manager stagiaire, sans réel pouvoir.

Pour nous, le problème est plus psychologique ; qu'en est-il aujourd'hui de la vérification des motivations de la personne à encadrer ? Souvent masquée par des motivations matérielles et sociales (la promotion), elle n'est pas toujours sondée et vérifiée par les DRH en charge de la gestion des carrières des cadres. Pour nous, ce devrait être la première condition à vérifier, indépendamment de toute compétence technique : **repérer les véritables « envies » d'être un homme – ou une femme – d'autorité**. Les psychologues qui ont travaillé sur l'autorité ont bien mis en évidence cette dimension de l'« envie d'exercer l'autorité », dont il nous paraît essentiel qu'elle puisse être confirmée, avant de confier le rôle à une personne. En ce sens, l'utilisation du modèle de Kahn et Kram peut être également une source de clarification d'une motivation à investir personnellement l'autorité managériale. Sans elle, et compte tenu des conditions difficiles d'exercice de l'autorité managériale, nous pensons que le manager risque fort de céder aux stratégies opératoires qui, dans les moments difficiles, lui font « enlever sa casquette » et, à cet égard, dénigrer l'organisation et la fonction qu'il représente ; on imagine aisément les conséquences néfastes sur sa propre légitimité et celle de l'organisation, du reste. Cette idée peut paraître basique, voire naïve, mais nous voulons la défendre avec force. Les outils et les compétences psychologiques existent pour pouvoir évaluer rigoureusement cette envie, et donc cette capacité à incarner l'autorité personnelle et à endosser l'autorité organisationnelle chez le futur manager.

Enfin, il va de soi qu'un accompagnement, voire un véritable dispositif de « supervision » de ceux qui sont en responsabilité, ne peut être que bénéfique et participer d'une politique de soutien à la fonction, en même temps qu'il accélère son apprentissage. La filière « manager » mise en place par une entreprise étudiée ou des *« learning teams »*, lieux qui permettent à des managers anciens ou nouveaux d'échanger sur leurs propres incidents critiques d'encadrants, procède de cette philosophie[1]. Nous croyons beaucoup plus dans ces dispositifs que dans des formations ponctuelles de type descendant et de format classique. Ces méthodes offrent l'avantage supplémentaire de créer les conditions d'une solidarité nouvelle au sein même de la population qui encadre, dimension à laquelle les jeunes subordonnés sont tout à fait sensibles ; elle leur garantit en effet un modèle d'autorité plus visible, plus stable et plus cohérent, en même temps qu'elle donne à voir une fonction managériale qui se remet en cause.

---

1. Nous animons nous-mêmes des groupes d'apprentissage, ou *« learning teams »*, composés de managers d'une même société mais de métiers très différents. L'objectif est de partager autour de problématiques managériales spécifiques amenées par les uns et les autres, de façon à apprendre à regarder ces situations autrement afin d'en tirer collectivement de nouveaux apprentissages.

▦ LA PART DU COLLABORATEUR : PEUT-ON SE FORMER À LA SUBORDINATION ?

L'école au sens large n'est probablement pas exempte de responsabilité concernant les modèles d'autorité managériale qu'elle peut diffuser et qui ne sont pas toujours en correspondance avec ce que les jeunes vont trouver en arrivant dans l'entreprise. Ce que l'école ou l'université peut offrir dans le cadre d'une véritable « préparation à la subordination[1] », c'est un dispositif qui va permettre à un futur diplômé de réfléchir aux meilleures conditions pour vivre la subordination. Tout comme il réfléchit au secteur qui l'intéresse, il peut effectivement se faire une idée de la place qu'il veut prendre dans l'organisation, de ce qu'il attend réellement d'un manager, en fonction de sa manière d'envisager les rapports d'autorité en général. Ce travail « réflexif » peut déjà s'amorcer et être initié en école avant le passage aux nouvelles formes d'autorité qui l'attendent dans l'entreprise[2]. Nous pensons que ce travail préparatoire peut permettre d'éviter des malentendus ou des tiraillements dans une relation managériale future à l'intérieur de laquelle s'affrontent des modèles antagonistes, et dont nous avons vu les incidences en matière de qualité d'échange et, au-delà, de satisfaction dans l'emploi.

▦ LES CHANTIERS PRATIQUES DE L'AUTORITÉ : UN RÉSUMÉ

Si l'on veut se préoccuper d'alimenter sainement ce qui donne de l'autorité aux managers dans l'entreprise contemporaine, nous suggérons d'investir trois grands niveaux de chantiers et de dispositifs. Nous les résumons ici.

---

1. Même si le français rend cette formulation peu heureuse.
2. Sur la base, notamment, des expériences de stage.

Au niveau organisationnel/entreprise : débusquer les pratiques de « délégitimation »

Le point de départ est un audit des pratiques qui sont de nature à miner l'autorité managériale au sein de l'entreprise. La plupart de ces pratiques ne sont pas intentionnelles, bien sûr. Mais si l'entreprise n'y prête pas attention, les collaborateurs, eux, ne les ratent pas. Mais comment les déceler ?

- Justement à partir d'entretiens[1] avec les collaborateurs sur ce qui donne, dans leur propre contexte de travail, de l'autorité à leur manager (et, par extension, ce qui ne lui en donne pas !).
- Les données sont ensuite analysées par le comité de direction.
- Qui, parce qu'il s'est réellement emparé de cette préoccupation, réfléchit aux meilleures approches pour soutenir sa chaîne managériale tout entière.
- Puis le comité de direction procède à l'éradication des « mauvaises pratiques ».
- Il élabore des dispositifs « légitimants ». Il peut s'agir de lieux qui vont permettre aux managers de prendre du recul par rapport aux difficultés qu'ils rencontrent dans l'exercice quotidien du pouvoir managérial : coaching, mais aussi et surtout des dispositifs collectifs d'apprentissage à partir d'incidents critiques ; équipes apprenantes au sein desquelles les membres s'apportent des éclairages, se remettent en cause et élaborent des solutions *ad hoc*. Un effet de la mise en place de ces dispositifs est de créer une forme de solidarité entre managers qui désenclave des managers de plus en plus isolés à mesure qu'ils grimpent dans l'organigramme, renforce les possibilités d'apprentissage durable du management et du leadership et qui, surtout, donne à voir aux collaborateurs une forme de communauté managériale solide, ce qui, en temps de crise, est précieux.

---

1. Il vaut mieux fonctionner avec un chercheur ou un consultant extérieur à l'entreprise.

Au niveau des managers

Au moment du recrutement ou de la promotion, il faut vérifier l'« envie » d'autorité

Il ne paraît pas anormal qu'une personne en passe de prendre des responsabilités managériales se confronte en profondeur à la question du pourquoi et avec quelles bases elle veut endosser une position de pouvoir. Nous avons vu qu'un manager davantage conscient de ses motivations internes est plus à même de se développer lui-même en tant que manager, tout en faisant grandir ses collaborateurs. En proposant ce type d'introspection à ses managers, l'entreprise leur montre aussi qu'elle reconnaît toute la dimension de la responsabilité managériale, ce qui est un soutien pour le manager.

Plus pratiquement maintenant : qui doit assurer ce point de passage réflexif pour le futur manager ? Le meilleur format, selon nous, associe les directions des ressources humaines qui font d'abord la proposition en lui donnant du sens. C'est ensuite un spécialiste extérieur de ce type d'entretien qui prend le relais, de manière à garantir la protection et la confiance nécessaires à ce travail en profondeur. Cela signifie qu'il n'y a pas de rapport remis en retour à l'entreprise. C'est donc au manager de prendre ses responsabilités et de décider s'il est prêt, s'il a toujours envie et, surtout, c'est pour lui l'occasion d'engranger un certain nombre de repères qui vont lui permettre d'aborder sa vie de manager avec plus de lucidité et de recul.

Tout au long des différents postes, continuer à développer la « réflexivité »

Le coaching individuel reste un bon moyen de redonner du souffle à un manager et il semble qu'y avoir recours est maintenant un réflexe passé dans les mœurs de beaucoup d'entreprises. Nous insistons donc surtout sur l'intérêt de développer, en complément, des approches collectives, basées sur une approche inductive de l'apprentissage du management, encore trop peu développées en France. Leur principe de base : bénéficier de la communauté managériale qui s'installe pour gagner en efficience personnelle dans le rôle. Ces pratiques font bouger la culture managériale de l'entreprise vers plus de transversalité.

Au niveau du collaborateur

Dans une démarche volontaire, les collaborateurs peuvent aussi profiter d'une occasion d'aller à la rencontre de leurs modèles internes d'autorité dans les conditions que nous avons précisées plus haut.

Toutes les démarches réflexives, qu'elles soient collectives ou individuelles, doivent être proposées aux personnes. Sans leur pleine et entière coopération, elles ont peu de chance d'aboutir. En outre, les animateurs de ces dispositifs n'ont pas d'autre projet pour elles que de les guider dans leur prise de recul grâce à des grilles de lecture spécifiques. La personne en travail réflexif « prend » pour elle ce qu'elle est prête à prendre, c'est-à-dire au moment où c'est acceptable pour elle. Contrairement aux approches de formation classique au management, le bénéficiaire est ici entièrement acteur de son parcours de développement. Le cadre de l'entretien doit donc garantir ce respect-là du rythme et de la confidentialité. Pour explorer les modèles internes, le meilleur format consiste à proposer deux entretiens distincts. Un premier où la personne raconte son histoire de manager ou de collaborateur ; un second où les modèles d'attachement lui sont présentés et expliqués, à partir desquels la personne va elle-même faire « résonner » la grille sur sa propre expérience au sens large. L'analyse n'est jamais plaquée de l'extérieur.

L'autorité :
une affaire de liens

*« Il y a des gens qui goûtent le monde de manière amère, d'autres
qui le goûtent de manière sucrée, il y a des goûteurs gais et des goûteurs
tristes, des goûteurs accueillants et des goûteurs hostiles. Et ce goût
du monde explique nos réactions souriantes ou méfiantes, intellectuelles
ou désespérées. Ce goût du monde est une empreinte très précoce. »*

Boris Cyrulnik, *Je me souviens*

La problématique contemporaine du management des jeunes générations nous ramène au sujet éternel de comment installer et faire vivre
une autorité, ici celle du manager et, à travers lui, celle de l'entreprise
tout entière.

Les grilles de lecture proposées ici offrent de réausculter ce lien de
pouvoir qui se tricote entre deux personnes aux histoires singulières,
leur relation interindividuelle se tissant elle-même à l'intérieur d'un
ensemble plus vaste de liens sociaux.

L'autorité managériale est bien une affaire de liens, même s'il est rare
de l'envisager ainsi dans les discours managériaux. Dans une société
souvent décrite comme « en mal de liens » justement, le propos peut
paraître décalé. Pourtant, quand une organisation prétend s'« attacher »
de nouveaux membres, elle n'a pas d'autre choix que de réfléchir à la
question du lien qu'elle entend créer durablement avec eux.

L'entreprise n'est pas la famille, le manager n'est pas le parent de ses
collaborateurs ; en revanche, les modèles d'autorité que chacun s'est
forgés et les comportements d'attachement associés entrent inévitable-

ment en résonance avec les pratiques des managers et de l'organisation tout entière. Mettre au jour ces modèles peut donc aider à faire grandir un collaborateur, un manager et l'ensemble de la chaîne managériale de l'entreprise, à condition d'installer les bons dispositifs pour le faire.

La protection, la socialisation sont les principales fonctions du comportement d'attachement. Par extension, ce sont ces garanties minimales que le manager peut offrir au jeune entrant dans l'entreprise, tout en l'aidant sur son chemin de développement et d'accès à l'autonomie.

Car la bonne autorité est celle qui aide à se détacher.

Bibliographie

Mary Ainsworth, Mary C. Blehar, Everett Waters, Sally Wall, *Patterns of Attachment : A Psychological Study of the Strange Situation*, Lawrence Erlbaum Associates, 1978.

Éric Albert et al., *Pourquoi j'irais travailler ?*, Éditions d'Organisation, 2003.

Paul Albou, *Problèmes humains de l'entreprise*, Dunod, 1971.

Jacques Ardoino, « Autorité », *Vocabulaire de psychosociologie*, Érès, 2002.

Hannah Arendt, « Qu'est-ce que l'autorité ? », in *La Crise de la culture*, Gallimard, coll. « Idées », 1972.

Gilles Arnaud, *Psychanalyse et organisation*, Armand Colin, 2004.

Chester I. Barnard, *The Functions of the Executive*, New York Free Press, 1938.

Wilfred Ruprecht Bion, « Experiences in Groups », *Human Relations*, 1, 1948, pp. 314-320.

Véronique Boulocher, Valérie Petit, « The Relevance of the French Social Representations Theory : Methods in Teaching and Research : 3 Studies in Marketing and Management », *Academy of Management Conference*, Atlanta, 2006.

François Bourricaud, *Esquisse d'une théorie de l'autorité*, Plon, 1961.

John Bowlby, *Attachement et perte. Tome 1, L'Attachement*, PUF, 2002.

John Bowlby, *Attachement et perte. Tome 2, La Séparation : angoisse et colère*, PUF, 2002.

John Bowlby, *Attachement et perte. Tome 3, La Perte : tristesse et dépression*, PUF, 2002.

Theodore Caplow, « Le déclin de l'autorité personnelle », in Michel Forsé, Simon Langlois (dir.), *Tendances comparées des sociétés postindustrielles*, PUF, 1995.

Ira Chaleff, *The Courageous Follower : Standing Up to and for Our Leaders*, Berrett-Koehler Publishers, 1995.

David Courpasson, *L'Action contrainte*, PUF, 2000.

David Courpasson, « Les nouvelles formes de la domination au travail », *Sciences Humaines*, n° 158, mars 2005.

Kenneth J. W. Craik, *The Nature of Explanation*, Cambridge University Press, 1943.

Boris Cyrulnik, *Sous le signe du lien*, Hachette, 1989.

Boris Cyrulnik, *Un merveilleux malheur*, Odile Jacob, 1999.

Boris Cyrulnik, *Les Vilains Petits Canards*, Odile Jacob, 2001.

Boris Cyrulnik, *Autobiographie d'un épouvantail*, Odile Jacob, 2008.

Boris Cyrulnik, *Je me souviens*, L'Esprit du Temps, 2009.

Robert Damien, « Présentation de l'autorité et de son chef », in « Qu'est-ce qu'un chef ? La crise de l'autorité aujourd'hui », *Revue Cités*, PUF, avril 2001.

Sylvie Deffayet, Nathalie Tessier, « Réussite de la relation d'emploi et qualité de la relation managériale : quels enjeux pour le manager ? », *Gestion 2000*, nov. déc. 2005.

Sylvie Deffayet, « L'encadrement des jeunes diplômés. Quoi de neuf du côté de la formation à l'exercice de l'autorité ? », *Revue Internationale de Psychosociologie*, n° 35, 2009.

Chantal Delsol, *L'Autorité*, PUF, coll. « Que sais-je ? », 1999.

Bernard Eme, « Travail collectif : les jeunes en pleine mutation », *Travail et Changement*, n° 305, 2005.

Eugène Enriquez, *De la horde à l'État. Essai de psychanalyse du lien social*, Gallimard, 1983.

Eugène Enriquez, « Évaluation des hommes et structures d'organisation des entreprises », *Connexion*, n° 19, 1976.

Christophe Falcoz, *Bonjour les managers, adieu les cadres !*, Éditions d'Organisation, 2003.

Henri Fayol, « Administration industrielle et générale », *Bulletin de la Société de l'industrie minérale,* Dunod, 1916.

Gaston Fessard, *Autorité et bien commun*, Aubier-Montaigne, 1969.

Nicolas Flamant, « L'intégration des jeunes dans l'entreprise », *Entreprise et Personnel*, n° 212, 2004.

Patrick Friedenson, « Les transformations des pratiques de subordination dans les entreprises et l'évolution du tissu productif en France », in Héloïse Petit, Nadine Thévenot, *Les Nouvelles Frontières du travail subordonné*, La Découverte, 2006.

Olivier Galland, Bernard Roudet, *Les Jeunes Européens et leurs valeurs*, La Découverte, 2005.

Et plus précisément les articles suivants :

–   Jean-François Tchernia, « Les jeunes Européens, leur rapport au travail ».

–   Olivier Galland, « Les jeunes Européens seraient-ils devenus individualistes ? ».

Annilee M. Game, « Perceiving is Believing : Negative Affective Events and Relational Models in Supervisory Relationships », *Academy of Management*, 2007.

Antoine Garapon, Sylvie Perdriolle (dir.), « Quelle autorité ? », *Autrement*, n° 198, 2000. Et plus précisément les articles suivants :

–   Jean de Munck, « Les métamorphoses de l'autorité ».

–   Raphaël Draï, « Anamnèse et horizons ».

–   Francois Dubet, « Une juste obéissance ».

–   Antoine Garapon, « Le nouvel âge de l'autorité ».

–   Jacques Pain, Alain Vulbeau, « L'autorisation ou les mouvements de l'autorité ».

– Sylvie Perdriolle, « Arguments pour une réflexion ».

Georges B. Graen, Mary Uhl-Bien, « Development of Leader-member Exchange Theory of Leadership over 25 Years : Applying a Multi-level multi domain perspective », *Leadership Quarterly*, 6, pp. 219-247, 1995.

Germaine Guex, *Le Syndrome d'abandon*, 2e édition PUF, 1973.

Cynthia Hazan, Phillip R. Shaver, « Romantic Love Conceptualized as an Attachment Process », *Journal of Personality and Social Psychology*, vol. 52, pp. 511-24, 1987.

Cynthia Hazan, Phillip R. Shaver, « Love and Work, an Attachment-theoretical Perspective », *Journal of Personality and Social Psychology*, 58, pp. 270-280, 1990.

Charlotte Herfray, *Les Figures d'autorité*, Ères, 2005.

Danielle Hervieu-Léger, *Catholicisme, la fin d'un monde,* Bayard, 2003.

Laurent Joffrin, Philippe Tesson, *Où est passée l'autorité ?*, Nil, 2000.

William A. Kahn, Kathy E. Kram, « Authority at Work : Internal Models and their Organizational Consequences », *The Academy of Management Review*, 19, 1, pp. 17-50, janvier 1994.

Tiffany Keller, « Parental Images as a Guide to Leadership Sensemaking : an Attachment Perspective on Implicit Leadership Theories », *The Leadership Quarterly*, pp. 141-160, 2003.

Robert E. Kelley, « In Praise of Followers », *Harvard Business Review*, 66, pp. 142-148, 1988.

Alexandre Kojève, *La Notion d'autorité*, Gallimard, 1942.

James Krantz, « The Managerial Couple : Superior-subordinate Relationships as a Unit of Analysis », *Human Resource Management*, vol. 28, number 2, pp. 161-175, 1989.

Georges Lamirand, *Le Rôle social de l'ingénieur*, Desclée de Brouwer, 1936.

Michel Lobrot, *Pour ou contre l'autorité*, Gauthier-Villars, 1973.

Michael Maccoby, « The Power of Transference », *Harvard Business Review*, septembre 2004.

Ofra Mayseless, Micha Popper, « Reliance on Leaders and Social Institutions : an Attachment Perspective », *Attachment and Human Development*, 9 (1), pp. 73-93, 2007.

Gérard Mendel, *Une histoire de l'autorité*, la Découverte, 2002.

Louis Moreau de Bellaing, *Quelle autorité aujourd'hui ? Légitimité et démocratie*, ESF, 2002.

Louis-Marie Morfaux, *Vocabulaire de la philosophie et des sciences humaines*, Colin, 2005.

Laurent Mucchielli, *Relation et autorité*, ESF, 1996.

Aldo Naouri, *Les Pères et les Mères*, Odile Jacob, 2004.

Daniel Ollivier, *Génération Y mode d'emploi*, De Boeck, 2008.

Micha Popper, Ofra Mayseless, Omri Castelnovo, « Transformational Leaderhip and Attachment », *The Leadership Quarterly*, 11, pp. 267-289, 2000.

Micha Popper, « Leadership as Relationship », *Journal for the Theory of Social Behavior*, 34, pp. 107-125, 2004.

Alain Renaut, *La Fin de l'autorité*, Flammarion, 2004.

Myriam Revault d'Allonnes, *Le Pouvoir des commencements : Essai sur l'autorité*, Seuil, 2006.

Hanna Segal, *Introduction à l'œuvre de Mélanie Klein*, PUF, 1969.

Richard Sennett, *Autorité*, Fayard, 1981.

François de Singly, « Le Père de famille est devenu Pygmalion », *Le Monde des débats*, n° 1, 1999.

Georges Thinès, Agnès Lempereur, *Dictionnaire général des sciences humaines*, Ciaco, 1984.

Alexis de Tocqueville, *De la démocratie en Amérique*, tome 1 et tome 2, Gallimard (Folio/Histoire), 1996.

Henri Vacquin, « Du caporalisme au désir », *Le Monde des débats*, mai 1999.

Max Weber, *Économie et société*, Plon, 1956.

Loup Wolf, « Transformations de l'intermédiation hiérarchique », rapport de recherche, Centre d'études et de l'emploi, *Laboratoire de sciences sociales (ENS-EHESS)*, n° 29, novembre 2005.

Table des matières

Sommaire V

Introduction – **L'autorité managériale en questions** **1**

L'autorité managériale dans l'œil du collaborateur............... 2

Le manager, leader tout-puissant ? 2

L'autorité plutôt que le leadership 3

Comment lire ce livre ? 4

Chapitre 1 – **Quoi de neuf du côté de l'autorité ?** **5**

L'autorité est-elle en voie de disparition ? 5

L'entreprise est-elle touchée ? 8

De l'autorité dans l'entreprise................................. *8*

Réalités de la démocratisation de l'entreprise *9*

La « génération Y » est-elle manageable ? 11

Pourquoi j'irais manager ?
Des managers en panne de légitimité 12

Chapitre 2 – **L'autorité, de quoi parle-t-on ?**........................... **15**

Retour aux fondamentaux.. 15

Définition et caractéristiques de l'autorité 17

L'autorité est indissociable du pouvoir,
mais exclut la contrainte et l'argumentation *18*

L'autorité implique une relation d'influence
affective asymétrique.. 19
L'autorité : un chantier permanent.............................. 19
L'autorité est indissociable de la légitimité................ 20
Le pouvoir limité et sous conditions de l'autorité.............. 20

Chapitre 3 – L'autorité, de quoi parlent-ils ? **23**

En quête de l'autorité managériale :
le cas des jeunes diplômés 23
   La population interrogée 24
   Position de leur manager et nature des échanges 24
   Comment présentent-ils leurs contextes de travail ? 27
   L'approche par le sens commun................................ 28

Les représentations d'autorité chez les jeunes diplômés....... 29
   Vous avez dit « autorité » ?................................ 30
   Figures et personnes d'autorité :
   le manager en bonne place 32

Le vécu de la relation managériale
ou comment s'alimente l'autorité 35
   L'autorité avance masquée 35
   La représentation sociale de la légitimité du manager....... 35
   Des critères indépendants du manager comme leviers
   de sa légitimité ?.. 37
   Alors, le manager est-il légitime ? Des résultats mitigés..... 38
   L'échange managérial plutôt que l'autorité autoritaire :
   le manager est-il responsable de la « réhabilitation »
   de l'autorité ?... 39
   L'autorité du manager : un objet difficile à saisir 43

Chapitre 4 – Les attentes d'autorité
des jeunes collaborateurs **47**

Les jeunes diplômés en SSII sont-ils marqueurs
d'un « nouveau » rapport à l'autorité ? 47
   L'autorité, certainement pas ! 48
   Les attentes d'autorité : juste une liste de fonctions ! 50

L'autorité permise ou minée par l'organisation :
comment le manager pèse-t-il réellement ?....................... *52*
L'autorité managériale est aussi chez le collaborateur :
les sources personnelles d'autorité................................ *55*

L'autorité contemporaine du manager :
une pièce, trois acteurs... 57
Des attentes de leadership : la part du manager............... *57*
Une fonction managériale « légitimée » :
la part de l'organisation.. *58*
Des attentes liées aux modèles psychologiques :
la part du collaborateur.. *58*
L'interaction d'autorité ou comment l'autorité s'actualise..... 60

**Chapitre 5 – Autorité et attachement :
les « modèles internes »** **63**

Les processus « internes » d'autorisation
dans la dyade managériale 63
L'identification projective au cœur du processus
d'autorisation *64*
Le « couple managérial » *65*
Les modèles transférentiels de Michael Maccoby.............. *66*

La théorie de l'attachement : des présupposés
pour aborder toutes les relations............................ 66

Modèles d'autorité et relation managériale 70
Le modèle sécurisé du collaborateur interdépendant :
la relation managériale vécue comme un échange............. *72*
Le modèle insécurisé du contre-dépendant :
la relation managériale vécue comme une source
de menaces.. *73*
Le modèle insécurisé du dépendant : la relation
managériale vécue comme une source d'anxiété
et d'ambivalence.. *75*

Les situations qui font ou défont l'autorité managériale........ 77
Actualisation des modèles internes : le traitement
des « accidents d'autorité » *77*
Conclusion : modèles internes d'autorité
et « *followership* » 80

**Chapitre 6 – Modèles internes d'autorité
et styles de management** **83**

Manager à partir d'une base de dépendance 83

   En tant que collaboratrice *84*

   Aujourd'hui, dans son management quotidien *85*

Manager à partir d'une base de contre-dépendance 89

   En tant que collaborateur *89*

   Aujourd'hui, dans son management quotidien *90*

Manager à partir d'une base d'interdépendance 95

   En tant que collaborateur *95*

   Un style basé sur la « justesse » *97*

   *Les impacts de ses modèles sur son management
d'aujourd'hui* *98*

   *Un manager participatif, mais qui « traite »
toutes les situations inacceptables* *98*

La relation managériale, une combinaison résonante
ou dissonante entre modèles internes 100

   Collaborateur interdépendant/manager interdépendant ... *100*

   Collaborateur dépendant/manager dépendant *100*

   *Collaborateur contre-dépendant/
manager contre-dépendant* *101*

Chapitre 7 – Comment renforcer l'autorité managériale ? **105**

Pas de leadership sans *followership* 105

Le manager, modèle d'autorité 106

Que faut-il retenir des attentes d'autorité
du jeune diplômé ? 108

   *Éloignement de l'entreprise et proximité managériale :
une incompatibilité ?* *109*

   *Des leviers pour sortir « grandi » de la crise :
les facteurs d'exemplarité* *109*

Le rôle managérial actuel : pourquoi j'irais manager ? 112

   *L'« intermédiation hiérarchique » contemporaine :
une position difficile* *112*

   Quand l'organisation pèse sur les managers *113*

Le manager imprésario 114

L'échange au lieu de la subordination ? 115

L'autorité managériale : un problème de direction générale .. 116

Débusquer les pratiques de « délégitimation » 116

*Pour une politique d'appui à la chaîne managériale :
sélection et formation des managers* 117

La part du collaborateur :
peut-on se former à la subordination ? 119

Les chantiers pratiques de l'autorité : un résumé 119

*Au niveau organisationnel/entreprise :
débusquer les pratiques de « délégitimation »* 120

Au niveau des managers 121

Au niveau du collaborateur 122

Conclusion **– L'autorité : une affaire de liens** 123

Bibliographie 125